DERNIÈRE CAMPAGNE

DE L'ARMÉE

FRANCO-ITALIENNE,

EN 1813 ET 1814.

CET OUVRAGE SE TROUVE AUSSI AU DÉPÔT
DE MA LIBRAIRIE,

Palais-Royal, galeries de bois, n°s 265 et 266.

On trouve chez le même Libraire :

RELATION circonstanciée de la dernière campagne de Buonaparte, terminée par la bataille de Mont-Saint-Jean, dite de Waterloo ou de la Belle-Alliance, 4e édition, revue, corrigée, augmentée, et ornée de deux plans, dont l'un présente l'ensemble des opérations de la campagne, et l'autre les dispositions particulières de la bataille de Mont-St.-Jean ; à laquelle on a joint les diverses relations qui ont paru en Angleterre, un grand nombre de pièces contenant des détails anecdotiques aussi curieux que peu connus, avec deux nouveaux plans de la campagne, et une vue *panoramique* du champ de bataille. *Par un témoin oculaire ;* 1 vol. in-8°, 5 fr.

CAMPAGNES de Buonaparte en 1812, 1813 et 1814, jusqu'à son abdication et son arrivée à l'île d'Elbe, d'après les bulletins officiels des alliés et des Français ; traduit de l'allemand, et augmenté d'un grand nombre de pièces et documens tirés des Mémoires de ces derniers temps ; par M. Breton de la Martinière, avec cette épigraphe : « La gloire des armées françaises n'a reçu aucune atteinte. » (*Paroles du Roi*, le 4 juin 1814.) Un vol. in-8°, 6 fr.

CAMPAGNE de l'armée française en Portugal, dans les années 1810 et 1811, avec un précis de celles qui l'ont précédée, par Mr A. D. L. G..., officier supérieur employé dans l'état-major de cette armée ; 1 v. in-8°, 4 fr.
Le même, avec la carte d'Espagne et de Portugal, 5 fr.

BATAILLES de Leipsick, depuis le 14 jusqu'au 19 octobre 1813, ou récit des évènemens mémorables qui ont eu lieu dans cette ville et aux environs, pendant ces cinq journées ; le tout originairement écrit en allemand par un témoin oculaire ; traduit de l'anglais de M. Frédéric Shoberl, sur la 8e édition, et accompagné de notes ; 1 vol. in-8°, 2 f. 50 c.

TABLEAU de la campagne de Moscou en 1812, ouvrage dans lequel on s'est attaché à retracer les évènemens désastreux qui ont rendu cette campagne à jamais mémorable ; par M. Bourgeois, chirurgien-major du régiment du Dauphin-Cuirassiers, chevalier de la Légion d'honneur, *témoin oculaire*, 1 vol. in-8°, 3 fr.

HISTOIRE de la campagne de Russie, pendant l'année 1812, contenant des détails puisés dans des sources officielles, ou provenant de récits français interceptés jusqu'à ce jour et inconnus, par sir Robert Ker Porter ; le tout enrichi de plans de mouvemens des deux armées pendant leur marche en avant et leur retraite. Traduit de l'anglais sur la 4e édition, par M. ***; accompagné de notes explicatives et critiques tirées des différens ouvrages qui ont paru en France sur cette campagne célèbre, 1 gros vol. in-8° (*sous presse*) 7 fr. 50 c.

RELATION des évènemens qui se sont passés en France depuis le débarquement de Napoléon Buonaparte au 1er mars 1815, jusqu'au traité du 20 novembre ; suivi d'observations sur l'état présent de la France et sur l'opinion publique ; par miss Maria Helena Williams ; traduit de l'angl., et accompagné d'un grand nombre de notes très-curieuses sur cette déplorable époque, par M. Breton de la Martinière ; 1 vol. in-8°, 5 fr.

VIE publique et privée de Joachim Murat, composée d'après des matériaux authentiques, la plupart inconnus, et contenant des particularités inédites sur ses premières années ; 1 vol. in-8°, 2 fr.

DERNIÈRE CAMPAGNE

DE L'ARMÉE

FRANCO-ITALIENNE,

SOUS LES ORDRES

D'EUGÈNE-BEAUHARNAIS,

EN 1813 ET 1814,

Suivie de Mémoires secrets sur la révolution de Milan, du 20 avril 1814, et les deux conjurations du 25 avril 1815; la campagne des Autrichiens contre Murat; sa mort tragique, et la situation politique actuelle des divers États d'Italie.

PAR LE CHEVALIER S. J***, TÉMOIN OCULAIRE.

PRÉCÉDÉE D'UNE NOTICE HISTORIQUE SUR EUGÈNE-BEAUHARNAIS.

PARIS,

J. G. DENTU, IMPRIMEUR-LIBRAIRE,

rue des Petits-Augustins, n° 5 (ancien hôtel de Persan).

1817.

AVERTISSEMENT.

Cet opuscule, dont le *manuscrit nous est venu d'Italie*, était déjà imprimé; il allait être publié sans aucune espèce de préface, lorsque nous avons vu paraître une brochure sur le même sujet, précédée d'un *avant-propos* et d'une *notice historique sur le prince Eugène*. Il nous a semblé dès-lors que nous ne pouvions nous dispenser de quelque préliminaire de ce genre, moins pour rendre notre ouvrage plus recommandable que pour donner des principaux personnages dont il est parlé, une idée plus exacte, qui fît mieux juger les évènemens de la même campagne.

Quoique la brochure rivale dont il s'agit n'ait à son frontispice naturel que le titre de *Journal historique*, etc.; cependant elle s'annonce d'une manière plus solennelle au titre bien plus apparent de la couverture, sur laquelle on lit : *Campagnes du prince Eugène en Italie, pendant les années 1813 et 1814*. Ceux qui ont regardé la *Relation de la Campagne de Russie* comme un monument spécialement élevé à la gloire du même général, seront portés à juger que le récit de sa *Campagne en Italie* devait faire suite à celui de la précédente; et le tribut d'éloges que l'auteur de la dernière histoire paie à son prédécesseur (page 66), ne peut qu'augmenter la confiance qu'il mérite.

Il a dû connaître parfaitement les opérations de cette dernière campagne, puisqu'il nous dit qu'il eut *un emploi dans l'état-major du général;* et que, suivant ce qu'il donne à entendre, *il servit sous ses ordres immédiats, en qualité d'officier d'ordonnance,* comme l'auteur de la *Campagne de Moscou.* Les notions qu'il nous fournit sur sa profession militaire, sans toutefois indiquer l'arme ni le grade, et sans se nommer autrement que par deux lettres initiales L. D.****, empêcheront qu'on ne le confonde avec tel ou tel autre qui, non moins rapproché du même général, pourrait se désigner par les mêmes lettres. Nous croyons cependant que, sans avoir eu les mêmes emplois, l'écrivain de la brochure que nous publions, et qui nous a semblé être aussi militaire de la même armée, peut avoir également bien connu les évènemens. Le lecteur en jugera par la comparaison des deux opuscules : il verra de plus que le nôtre raconte beaucoup de faits qui ne sont point dans celui de M.\` L. D****, et qu'il prolonge sa narration bien au-delà des derniers faits d'armes auxquels celui-ci s'est arrêté.

Cette prolongation aurait suffi pour interdire à notre historien l'équivoque éblouissante qui résulte, au premier abord, du titre *Campagne du prince Eugène en Italie*, si l'esprit de l'ouvrage ne l'avait pas naturellement écarté. Du moins ici l'on ne croira pas un instant qu'il puisse y être question de ce fameux capitaine du 17e siècle, qui s'était si fort illustré sur le même théâtre, et dont le nom appartient exclusivement à sa gloire personnelle. Nous désignerons plus simplement, mais aussi plus clairement, notre général, par son nom de famille ou par sa dignité de vice-roi de Buonaparte en Italie; et son illustration n'en sera point offensée.

L'exemple que nous a donné Mr L. D****, en répétant dans sa *Notice historique sur le prince Eugène*, ce qui se lit *mot pour mot* dans une *Biographie moderne* publiée en 1815 par Eymery (1), peut nous autoriser à copier l'article

---

(1) L'histoire de cette *Biographie* est vraiment curieuse. Entreprise pendant l'interrègne (nous en avons sous les yeux la circulaire du 1er mai 1815), cette *Biographie* portait modestement alors le titre de *Galerie historique, civile, militaire et politique*, etc., enfin à peu près le second titre que l'ouvrage porte aujourd'hui : il devait paraître en juillet 1815. Maintenant cette Galerie historique a pris le titre plus pompeux de *Biographie moderne*, et l'éditeur annonce que cet *ouvrage n'est, en quelque sorte,* qu'une nouvelle édition

(iv)

qui est consacré à Eugène Beauharnais, dans la *Biographie des hommes vivans*, publiée à Paris chez M. Michaud. Nous profitons d'autant plus volontiers de cette licence, que différentes personnes très-dignes de foi, et dont les unes ont connu Eugène Beauharnais dans sa première jeunesse, les autres dans les camps, celles-ci pendant son gouvernement d'Italie, celles-là après son départ de Mantoue pour l'Allemagne, ont concouru à nous donner la plus entière confiance au contenu de cet article. Les dernières sont encore à comprendre pourquoi M. L. D.**** et la *Biographie moderne*, composée dans l'interrègne, disent qu'Eugène Beauharnais « assista au congrès de Vienne en 1814. » On ne voit pas à quel titre il aurait fait partie de cette illustre assemblée, qui décidait des intérêts de l'Europe. Il n'avait aucun rang qui l'y appelât. Il était seulement à Vienne, où l'empereur Alexandre continuait à lui témoigner la bienveillance qu'il avait conçue pour sa personne

---

de la Biographie moderne imprimée à Leipzig en 1807 ; tandis qu'en mai 1815, la *Galerie historique* « manquait « absolument à notre littérature politique ; et la liberté de la « presse dont nous jouissons *maintenant*, pouvait seule en « faire naître l'idée et en permettre la publication..... »

Il est à remarquer que M. L. D****s'est abstenu de dire où il a pris sa Notice historique.

dans les rapports qu'il avait eus avec lui chez sa mère à la Malmaison. Les journaux du temps nous ont raconté cette particularité, comme encore celle des visites qu'il faisait à l'archiduchesse Marie-Louise, et celle d'une course en traîneaux sur la glace avec les souverains, les princes, les ministres, la noblesse de Vienne, etc., dans les premiers mois de 1815. Mais cette course n'était pas le congrès; et le rang où Eugène Beauharnais s'y trouva entre deux personnages d'une haute distinction, ne fut que l'effet du hasard ou de sa promptitude, parce qu'après le départ des traîneaux des monarques et des archiducs, il fut libre à chacun de prendre rang suivant son ardeur et sa dextérité. Le témoin oculaire qui nous a raconté cette circonstance, n'en est pas moins un des hommes qui estiment le plus l'ex-vice-roi du royaume d'Italie.

Notice historique.

« Beauharnais (Eugène), fils du vicomte de Beauharnais, mort sur l'échafaud révolutionnaire, et de Joséphine Tascher de la Pagerie, devenue ensuite impératrice, naquit en Bretagne, le 3 septembre 1780, pendant que son père faisait la guerre en Amérique, sous le général Rochambeau. Il sortait à peine de l'enfance lorsque son père mourut, et il fut élevé à Saint-Germain-en-Laye, dans la pension de M. Mestre, à qui il a toujours témoigné beaucoup d'égards. Sa mère ayant épousé Buonaparte, il devint aide-de-camp de ce général, et le suivit en Italie, où il ne se fit pas alors remarquer. Il accompagna également son beaupère en Egypte, et fut du petit nombre des officiers qui revinrent en France avec lui. Après le 18 brumaire, il fut nommé chef d'escadron des chasseurs de la garde des consuls; et c'est en cette qualité qu'il se trouva à la bataille de Marengo, où il courut des dangers et montra de la valeur. Il devint colonel-général du même corps, en 1804, et suivit le premier consul dans tous ses voyages. Napoléon le nomma prince français lorsqu'il devint empereur. Enfin le jeune Beauharnais fut comblé de la plus haute faveur, en juin 1805, par le titre de vice-roi du royaume d'Italie. Il s'était rendu à Milan quelque temps auparavant, à la tête d'un nombreux détachement de la garde impériale, et il avait assisté au couronnement de Buonaparte, comme roi d'Italie. Il n'eut aucun commandement lors de la guerre qui éclata avec l'Autriche, dans le mois d'octobre suivant; et ce fut le maréchal Masséna qui dirigea les opérations contre l'archiduc Charles. Son mariage avec une princesse de

Bavière fut décidé pendant le séjour que Buonaparte fit à Munich, après sa campagne d'Austerlitz. Le 12 janvier 1806, ce dernier l'adopta pour son fils, et parut ainsi vouloir en faire l'héritier de toute sa puissance. Le lendemain, Eugène épousa la princesse Auguste-Amélie, fille du roi de Bavière.

« Buonaparte étant revenu en Italie en 1807, lorsqu'il méditait le dépouillement de la reine d'Etrurie, et l'envahissement du trône d'Espagne, nomma le vice-roi Eugène prince de Venise. Comme les Italiens ambitionnaient de former un royaume indépendant, comme Buonaparte leur avait fait espérer, en prenant la couronne d'Italie, qu'à la paix générale leurs vœux seraient remplis; voyant ces peuples prendre de l'affection pour le vice-roi, et voulant éluder sa promesse, il les amusa par un décret prononcé dans une assemblée générale des trois colléges d'électeurs réunis en son palais de Milan. Ce décret déclarait vaguement qu'Eugène serait, à la mort de Buonaparte, l'héritier de la couronne d'Italie, à défaut d'enfans mâles, naturels et légitimes. On applaudit; Eugène, qui était présent, s'inclina, et, se retournant, il remercia sincèrement son beau-père par un profond salut. Il ne s'aperçut point de l'escobarderie de cette déclaration, qui déjà retardait de beaucoup l'accomplissement de ses espérances, et en rendait l'effet plus qu'incertain. Ses courtisans, aussi légers qu'ambitieux, y virent l'assurance qu'ils régneraient un jour avec lui dans cette contrée, et la joie fut extrême à la cour. Les yeux ne se dessillèrent qu'en 1810, lorsque Buonaparte répudia la mère d'Eugène pour épouser l'archiduchesse Marie-Louise. Lors de la reprise des hostilités contre l'Autriche, pour la guerre de 1809, dont ce mariage fut le résultat, Eugène avait adressé aux peuples d'Italie une proclamation où l'on remarquait les passages suivans : « L'Autriche a voulu la guerre. Je serai donc un moment éloigné de vous. Je vais combattre les ennemis de mon auguste père, les ennemis de la France et de l'Italie. Vous conserverez, pendant mon éloignement, cet excellent esprit dont vous m'avez donné tant de preuves...... » Dans une autre proclamation, il disait : « Lorsque nous nous reposions sur la foi des traités, et que notre assurance se fondait sur le souvenir de la générosité de notre souverain envers l'Autriche, sa perfidie préparait de longue main une nouvelle guerre.... Nous étions tranquilles, parce qu'on est toujours lent à croire à la possibilité d'un parjure.... Appelé par mon auguste père à l'honneur de commander, je ferai tout pour justifier sa confiance.... J'ai l'espoir, jus-

tement fondé, que par votre exemple, etc. etc. »
Il partit ensuite de Milan, pour se porter sur la ligne de Trente, que le général Joubert avait autrefois défendue. Le quartier-général de l'archiduc Jean, qui commandait l'armée autrichienne, était près de là, à Malborghetto; et Eugène avait au moins seize mille hommes. Ses avant-postes sont repoussés; il fait replier ses troupes sur le Tagliamento. Le commandant de l'avant-garde laisse surprendre, dans la nuit, un régiment de hussards et un régiment d'infanterie. Les Autrichiens sont déjà aux portes d'Udine : Eugène n'a que le temps de s'éloigner; il vient, avec son armée poursuivie, jusqu'à Vérone; tout ce qu'il put faire, fut de la retrancher, le 24, dans la position de Caldiero. Déjà, le 25, les Autrichiens entraient dans Padoue; et bientôt, d'un autre côté, ils étaient sur la hauteur voisine de Caldiero, prêts à en tourner les redoutes. La bravoure des troupes d'Eugène, et sur-tout le dévoûment de son aide-de-camp, le général Sorbier, qui y périt, défendit efficacement cette position, qui n'en resta pas moins critique. Mais Buonaparte envoya de France le général Macdonald, pour diriger les opérations d'Eugène. Ce qui les seconda encore plus utilement, ce furent les progrès que la grande-armée fit alors en Allemagne. Au moment où

Eugène en reçut l'avis, on vit les Autrichiens de l'armée d'Italie, informés des mêmes nouvelles, se replier, dès le 1er mai, et les troupes françaises se mettre à leur poursuite, en se divisant en trois corps. Eugène commandait celui du centre, Baraguay-d'Hilliers celui de la gauche, et Macdonald celui de la droite, dans la direction de Gorice. Il y eut quelques affaires aux passages des fleuves, que les Autrichiens défendirent, pour protéger leur retraite. Pendant toutes ces opérations, Eugène, à l'exemple de Buonaparte, envoyait à Milan des bulletins et des décrets. Il y eut un combat assez vif sur les hauteurs de Saint-Daniel, dans la vallée de la Fella. On se trouva bientôt sur le territoire de l'Autriche. Le 17, on donna l'assaut au fort de Malborghetto, qui fut enlevé. Les Autrichiens s'arrêtèrent encore, pour faire une vive résistance, au-delà de Tarvis, sur les bords de la Schlitzer. Le général d'Anthouard, aide-de-camp du prince Eugène, arriva de Vienne avec la nouvelle que Buonaparte y était entré le 12 ; Macdonald, de son côté, avait pris possession de Trieste, depuis le 18 ; et, le 21, Eugène était entré dans Clagenfurt. Quand il parvint à Knittelfeld, il eut à craindre le corps du général autrichien Jellachich, qui, ne pouvant plus résister à Buonaparte en Allemagne, se dirigeait sur Léoben, avec huit mille hommes, pour se réunir à l'archiduc Jean. Une portion de ce corps eut un engagement avec les troupes d'Eugène, sur la route de Knittelfeld à Léoben; et Jellachich n'en parvint pas moins à s'y rendre. Eugène, dans son bulletin, se flatta d'avoir détruit presque entièrement ce corps. D'un autre côté, il avait contenu l'archiduc Jean en Hongrie, et il avait même obtenu sur ce prince un succès important à Rabb; néanmoins il n'osait plus aller en avant, et ne savait si Buonaparte envoyait à sa rencontre. Le général Lauriston s'avançait cependant avec un corps d'observation, par la route de Neustadt. Déjà il était à Bruck, lorsque des chasseurs envoyés de part et d'autre à la découverte, se rencontrèrent et se reconnurent. Eugène, ainsi délivré de toute alarme, partit pour Vienne, et y arriva le 26. Il se rendit le 27 à Ebersdorf, où Buonaparte avait son quartier-général. Ce fut alors que celui-ci adressa à l'armée d'Italie cette proclamation: « Soldats de l'armée d'Italie, soyez les bien-venus! je suis content de vous. Cette armée autrichienne d'Italie qui, un moment, souilla par sa présence mes provinces, qui avait la prétention de briser ma couronne de fer; cette armée battue, dispersée, anéantie, grâces à vous, sera un exemple de la vérité de cette devise: *Dio mi la diede, guai a chi la tocca.* » Eugène fit aussi à son armée une proclamation, dans laquelle il lui dit : « Soldats, vous serez heureux : l'empereur est content de vous. » Et, de son côté, Buonaparte dit, dans son bulletin daté d'Ebersdorf, le 28 mai, « qu'Eugène avait fait preuve de toutes les qualités éminentes qui constituent les plus grands capitaines. » Eugène se rendit à Paris peu de temps après la campagne de 1809; et il y entendit déclarer la dissolution du mariage de sa mère, avec une contenance très-soumise. Il prononça même, à cette occasion, un discours dans lequel il rappela les obligations que sa famille avait à Napoléon; et de-là il conclut que tous devaient se soumettre à ses ordres. Le 3 mars 1810, il fut nommé survivancier du prince-primat (comme grand-duc de Francfort); et, le 4 avril suivant, il fut autorisé à porter la décoration de grand'-croix de l'ordre de Saint-Etienne de Hongrie. Appelé à la grande armée de Pologne, en 1812, le prince Eugène en commanda le 4° corps; et il se distingua les 25, 26 et 27 juillet, ainsi que dans les combats d'Othowno et de Mohilow. Le 7 septembre, il développa quelques talens et de la bravoure à la bataille de la Moskwa. Dans la retraite désastreuse du mois de novembre, il fut l'un des généraux qui se conduisirent avec le plus de courage, quoiqu'il souffrît beaucoup d'une grave incommodité. Il n'abandonna pas un instant les restes de son corps d'armée, partagea les fatigues et les privations des soldats, les encourageant par son exemple. Après le départ de Buonaparte et de Murat, le vice-roi fut chargé du commandement en chef; il fit sa retraite en aussi bon ordre que le permettait l'état de l'armée, et il en rallia les débris à Magdebourg. Les alliés s'étant approchés de cette place, il repassa l'Elbe pour les combattre le 2 avril, et il perdit une bataille qui a été entièrement dissimulée dans les bulletins. Il commanda la gauche de l'armée, à la bataille de Lutzen, le 2 mai 1813, et s'y distingua. Le 5, il entra le premier dans la ville de Dresde, à la tête de son corps d'armée. Le 12, l'empereur l'envoya à Milan, pour y organiser une nouvelle levée, et faire des dispositions de défense contre les Autrichiens, qui se préparaient à entrer dans la coalition. »

Nous ne parlerons point ici des évènemens de cette nouvelle guerre, puisqu'ils sont l'objet de notre opuscule.

« On n'a reproché au prince Eugène qu'un petit nombre d'abus de pouvoir. Quoique la jouissance d'une grande autorité enivrât un peu sa jeunesse, et que, peu éclairé par lui-même, il ne fût pas toujours bien dirigé par quelques hommes de son conseil, on vit le plus souvent prévaloir en lui une droiture naturelle. Il revenait facilement sur des décisions sévères, lorsqu'il les reconnaissait injustes. Quand Buonaparte, furieux contre les habitans de Crespino, qui étaient allés au-devant des Autrichiens en 1805, ordonna impitoyablement qu'ils fussent massacrés, Eugène fit tous ses efforts pour l'apaiser; et lorsqu'il fut obligé d'obéir, il diminua, autant qu'il put, le nombre des victimes : deux hommes seulement furent fusillés. On lui a reproché d'avoir contraint quelques propriétaires de Monza à lui vendre leurs métairies, pour agrandir le parc de sa maison de plaisance, ainsi que d'avoir déterminé, par un décret, les fabriciens d'une église à lui vendre un superbe tableau qu'il voulait acheter, et qu'il a emporté. Sa galerie de tableaux était devenue l'une des plus magnifiques qu'eussent formées des particuliers en Italie. Il embellit aussi la ville de Milan par des promenades et des édifices, et il favorisa l'établissement de plusieurs manufactures. On l'accusa néanmoins d'un penchant décidé à la parcimonie; et l'ordre qu'il établit dans les dépenses du palais fut en effet empreint d'un peu de mesquinerie. Les économies qu'il avait faites et qu'il a emportées de

Milan, passent pour très-considérables; et la régence provisoire, qui s'empara du gouvernement, le lendemain du 20 avril 1814, ne trouva presque rien dans les coffres. La caisse d'amortissement même, formée des retenues faites sur les employés subalternes de la maison royale, resta vide. Dans les premières années de sa vice-royauté, Eugène était fort bien dans l'esprit du peuple de Milan; et ce peuple le lui témoignait chaque fois qu'il passait dans les rues à cheval, accompagné de ses aides-de-camp et des écuyers de la cour. Mais, dans la suite, il sembla craindre de se populariser, peut-être pour ne point porter ombrage à Buonaparte. Dès-lors on ne pouvait plus que très-difficilement obtenir de lui une audience. Ses courtisans s'étaient presque entièrement rendus maîtres de sa personne. Devenu indifférent au peuple, il acheva de le mécontenter pendant la campagne de 1813 et 1814, par des conscriptions et des réquisitions forcées, mais sur-tout par les reproches de lâcheté qu'il adressa aux soldats italiens; tellement qu'au mois d'avril, il n'était plus qu'un objet de haine. Du reste, les sénateurs ne s'intéressaient à sa puissance que pour conserver eux-mêmes leurs places. Après avoir quitté Milan, il resta peu de temps à Munich, et se rendit à Paris. Il y fut très-bien accueilli par le Roi. S'étant fait annoncer à ce monarque sous le nom de marquis de Beauharnais, il eut la satisfaction de s'entendre appeler *prince Eugène* par le Roi lui-même. Peu de temps après, il se rendit à Munich, chez son beau-père, et de-là à Vienne, où il se trouva pendant tout le temps que dura le congrès. Mais, lors de l'invasion de Buonaparte, dans le mois de mars 1815, il paraît que la présence du marquis de Beauharnais à Vienne donna quelque inquiétude. Il fut même soupçonné d'avoir fait avertir son père adoptif qu'on devait le transférer à l'île Sainte-Hélène. Buonaparte l'ayant nommé l'un des pairs de son empire, par décret du 2 juin, les défiances augmentèrent; et il fut obligé de se retirer à Bareuth, d'où il revint ensuite à Munich. En avril 1816, il se rendit vers sa sœur Hortense, à qui l'on avait permis de se fixer à Lindau, près du lac de Constance. Le pape a consenti, à la même époque, à ce qu'il retînt, dans les états romains, les biens nationaux très-considérables qui formaient une partie de la dotation d'un million de revenus que Buonaparte lui avait assignée en Italie. »

DERNIÈRE CAMPAGNE

DE L'ARMÉE

FRANCO-ITALIENNE,

EN 1813 ET 1814.

PREMIÈRE PARTIE.

Après l'épouvantable retraite de Moscou, les troupes françaises et alliées qui avaient échappé à la rigueur de la saison et au fer ennemi, erraient dans le plus grand désordre entre la Vistule et le Niémen. Murat fut chargé du commandement général de ce squelette d'armée; mais, à l'exemple de Buonaparte, il quitta brusquement le quartier-général, et se rendit incognito en toute hâte dans le royaume de Naples. Nous le vîmes à son passage à Milan : sa figure ictérique annonçait ce qu'il avait souffert, et ses craintes futures.

Il fut remplacé par le prince Eugène, vice-roi d'Italie, qui établit son quartier-général à Marienwerder, dans la Poméranie prussienne, assez belle ville sur le Nogat, à douze lieues de Dantzick. Il s'y occupa avec la plus grande activité du soin de recueillir les débris des différens corps, pour en former le noyau d'une nouvelle armée, pendant que Buonaparte réclamait de la France des levées et des sacrifices de tout genre.

Mais en France et en Italie tous les ressorts politiques du gouvernement avaient perdu leur élasticité. Le sentiment de la puissance de Napoléon s'éteignit rapidement, et l'illusion de sa fortune militaire cessa. L'augmentation des impôts et la conscription rigoureuse ne firent qu'indisposer de plus en plus les esprits. Cependant les Italiens sentirent bientôt que le renversement de leur gouvernement pourrait entraîner les horreurs d'une révolution, et les faire de nouveau disparaître du rang politique que leur nation occupait. Le meilleur parti à prendre fut donc de soutenir le trône de Lombardie, et d'aviser aux moyens de le faire, avec gloire. Les administrateurs redoublèrent de zèle et d'activité; la conscription se fit paisiblement; les corps de l'état, les préfets, et même des particuliers offrirent gratuitement des hommes, des chevaux et des effets militaires. Les Italiens, imitant en cela l'exemple de la France, se montrèrent peut-être plus généreux encore. L'opinion, et on le désirait généralement, était qu'à la paix on verrait cesser l'administration du royaume d'Italie par un viceroi, et que cette couronne passerait indépendante sur la tête du prince Eugène, que quelques gens prônaient comme un administrateur zélé, un homme d'état et un guerrier élevé à une grande école. La princesse Amélie de Bavière, sa femme, s'était acquis le respect et l'amour de tout le peuple italien, par sa piété, sa charité envers les pauvres, et par la pratique de toutes les vertus chrétiennes et royales.

Cependant l'Italie était menacée par l'Autriche, qui se retirait sourdement de son alliance avec la France, et qui n'attendait que l'occasion favorable pour reprendre un pays dont elle tira toujours de puissantes ressources.

Le prince Eugène reçut l'ordre de se rendre en toute diligence en Italie. Arrivé à Milan, il ne s'y arrêta que le temps nécessaire pour conférer avec les ministres et le sénat; il partit pour Vérone, d'où il fit filer vers les frontières de la Carniole et de la Carinthie, les troupes rassemblées au camp de Montechiaro.

Le 21 août, le quartier-général se porta à Adelsberg, non-loin des bords de la Save. L'armée franco-italienne était d'environ cinquante-quatre mille hommes, dont une partie consistait en nouvelles levées et l'autre en vieilles bandes venues d'Espagne à grandes journées. Les principaux corps qui la composaient étaient les grenadiers, les vélites, les chasseurs, les dragons et l'artillerie de la garde royale italienne, les 1er, 20, 35, 36, 42, 53, 84 et 101e régimens d'infanterie française, le régiment de la Tour d'Auvergne, plusieurs bataillons d'infanterie légère italienne, le 1er régiment de hussards, et les 5, 7, et 31ᵉ de chasseurs français; quelques escadrons de chasseurs italiens, une artillerie neuve et bien montée, et un matériel presque complet.

Le vice-roi commandait en chef, et avait sous ses ordres les généraux français Vignolles, chef de l'état-major; Grenier, de Conchy, Verdier, Mermet, Fressinet, Quesnel, Bonnemain, Schmidt, Jeannin; et les généraux italiens, Pino, Bonfanti, Mazzuchelli, Palombini, Zucchi, Vilatta, Galimberti, Severoli, Fontana, et Fontanelli, ministre de la guerre.

Les lettres de Laybach, du 22 août, annoncèrent que l'armée autrichienne avait fait une invasion en Illyrie, sans aucune déclaration de guerre préalable; mais les dispositions hostiles de la cour de Vienne étaient déjà assez manifestes pour que le vice-roi n'eût plus à en douter.

Les 23 et 24, il y eut, aux environs de Tarvis, quelques escarmouches entre les avant-postes. Le colonel Duché, qui commandait à Villach les nôtres, composés de deux bataillons du 35ᵉ régiment d'infanterie, voyant que l'ennemi manœuvrait sur ses flancs pour le prendre à revers sur la route de Patermon, résolut d'évacuer la ville un peu avant la nuit; l'ennemi l'occupa aussitôt avec de l'infanterie et de la cavalerie. Il plaça en batterie deux pièces de canon à la tête du pont de la Drave, au bas de la ville, pour soutenir son mouvement; mais le colonel Duché ayant reçu un bataillon de renfort, reparut devant Villach à la pointe du jour. Il s'y précipita au pas de charge, renversa deux escadrons de cavalerie, et fit deux cent cinquante prisonniers aux régimens de Peterwaradin et de Batzenstein. Après lui avoir tué ou blessé un nombre égal d'hommes, l'ennemi fut contraint de repasser la Drave en désordre. Les jours suivans se passèrent en échange de quelques coups de fusil entre les tirailleurs des deux partis.

Le 27, une forte avant-garde autrichienne renouvela son attaque sur Villach, où nous ne pûmes nous maintenir, vu la grande supériorité du nombre des ennemis.

Le 28, le vice-roi donna ordre à la division Quesnel d'aller s'emparer du pont de Rosseck, sur la Drave. L'ennemi, qui y commençait une tête de fortifications, fut investi à l'improviste ; il parvint cependant à se dégager, et repassa le pont, dont il fit sauter une partie.

Dans le même temps, la division Gratien attaquait Villach, où les Autrichiens avaient exécuté de grands travaux, dans le dessein d'y former une tête de pont. Nos soldats emportèrent les faubourgs avec une valeur admirable.

Le 29, toutes les dispositions étaient prises pour attaquer la ville. Quelques obus lancés mirent le feu en divers quartiers. L'ennemi crut prudent de l'abandonner et de se retirer sur la rive gauche de la Drave, sous la protection de ses travaux du pont. Voici les détails officiels qui furent envoyés au vice-roi par M. Édouard de Charnage, intendant-général de la Carinthie, en date du 29 :

« Monseigneur,

« Le soir du 20 août, les Autrichiens parurent devant Villach ; le 21 ils s'établirent dans le faubourg situé sur la rive gauche de la Drave. Le colonel Duché, du 35ᵉ régiment d'infanterie française, avait fait rompre le pont, à l'entrée duquel le général Frimont se présenta en personne, et il intima au colonel d'évacuer la ville et de prendre position ailleurs, menaçant d'incendier Villach s'il persistait à s'y maintenir. Cet officier ayant refusé de l'écouter, le général autrichien fit tirer sur la ville avec deux pièces de canon et un obusier. Le feu commença à neuf heures et demie du soir et finit le lendemain à quatre heures du matin. Quelques tirailleurs dispersés sur la rive gauche de la rivière, firent feu pendant le reste de la journée sur nos patrouilles.

« Le 23, à deux heures après midi, le colonel Duché me donna avis qu'il avait ordre d'abandonner immédiatement la ville et d'aller prendre position au pont de Federaun, sur le Gail, à une lieue et demie de Villach.

« Voyant que ma présence devenait inutile dans un lieu qui d'un moment à l'autre allait être occupé par l'ennemi, et ne croyant pas de mon devoir de concourir aux mesures que les autorités locales jugeraient nécessaire de prendre pour le recevoir, je résolus de suivre le mouvement du régiment, et j'en prévins les employés français qui étaient encore dans la ville. A six heures le pont fut rétabli : le général Wlasich entra seul et à pied dans la ville ; les autorités municipales l'attendaient sur le pont : M. Nicolle, secrétaire-général de l'intendance, était à leur tête. Le général fut immédiatement suivi d'un escadron des hussards de Stipsich et de deux compagnies de Croates. A huit heures on vit arriver un autre corps de la même nation; le 24, à cinq heures du matin, le colonel Duché rentra dans la ville et s'y maintint jusqu'au soir. Au moment de la retraite de cet officier, sept soldats du régiment de Hohenloe-Bartenstein, qui étaient restés cachés dans Villach, coururent au pont, et plaçant leurs mouchoirs au bout de leurs baïonnettes, ils appelèrent leurs camarades, qui rentrèrent dans l'instant ; les généraux Wlasich et Fenner étaient à leur tête. Un major fut chargé de faire barricader la ville. Le régiment Duka, hongrois, composé de dix-huit cents hommes, remplaça les Croates.

« La journée du 27 fut tranquille. Dans celle du 28 quelques soldats furent blessés et un officier fut tué.

« Le 29, le régiment Duka se mit en ordre de bataille sur la place, s'appuyant à la porte qui conduit au pont. A neuf heures et demie il fit sa retraite, et les batteries autrichiennes du faubourg lancèrent quelques bombes. Le feu prit d'abord à la porte du nord-ouest, et en un instant l'incendie se manifesta en cinq ou six endroits différens. A six heures du matin les trois-quarts de la ville étaient consumés, malgré les secours portés par les militaires et les employés français.

« Les généraux Hiller, Frimont, Fenner et Monshal se montrèrent à Villach; les régimens ennemis qui occupèrent la ville étaient ceux de Duka, Jellachick et Hohenloë-Bartenstein. Les officiers dirent aux habitans que leurs ordres étaient de se maintenir à Villach jusqu'à ce qu'on eût appris le résultat du mouvement exécuté par l'armée de Bohême. »

Les journées des 29 et 30 se passèrent sans aucun fait d'armes. Nos troupes élevèrent quelques batteries, mais qui ne furent pas d'une grande utilité. Le vice-roi vint établir son quartier-général dans les faubourgs de Villach.

Le 31 on mit en réquisition une grande quantité de bois de charpente, et l'on travailla avec activité sur deux ou trois points, de manière à faire croire à l'ennemi qu'on allait jeter des ponts sur le fleuve. Dès la nuit précédente on avait occupé de nouveau Patermon, dont le pont était détruit, ainsi que celui de Muntbruck.

Tandis que l'ennemi attirait l'attention du vice-roi sur son centre, il avait brusquement passé la Drave, en avant de notre droite, et s'était porté avec rapidité sur la route de Spithal, qu'il avait occupé sans résistance; de là, il poussa une forte reconnaissance sur la ville de Fiume, dont il s'empara. Le général Pino rassembla aussitôt sa brigade à Laybach, et se disposa à la faire manœuvrer sur ce point important, d'où l'ennemi pouvait se porter sur nos derrières. Les deux partis construisaient cependant des batteries sur la Drave, dont tous les ponts étaient rompus, depuis Spithal jusqu'au dessus de Rosseck.

Du côté de la Save, les Autrichiens avaient attaqué, dans la nuit du 30, le général Bellotti, qui se trouvait encore avec le 36e régiment, à Craimburg. Celui-ci soutint d'abord leur effort avec courage; mais il fut obligé de céder à des forces supérieures, et d'abandonner la ville en laissant quelques morts. Le général Pino, qui se trouvait encore à Laybach avec la plus grande partie de ses troupes, se porta en personne de ce côté avec quelques bataillons, et fit attaquer Craimburg, dont il s'empara le 2 septembre, à l'entrée de la nuit, après avoir fait souffrir quelque perte à l'ennemi.

Le général Palombini était resté en observation à Laybach avec sa division. Le vice-roi fit porter sa réserve à Adelsberg; et à la première nouvelle de ce fait d'armes, il se jeta dans la vallée de la Save, avec vingt bataillons, et son avant-garde arriva à Craimburg le 4 au soir. Ce mouvement fut exécuté un peu légèrement; car un ennemi plus actif, pouvait facilement couper cette division par sa droite, et l'investir dans cette position, qui ne lui permettait pas de se déployer entièrement : heureusement l'ennemi ne sut point profiter de cette fausse manœuvre.

Le 6 septembre, un corps nombreux autrichien s'était porté sur Jestritz et y avait construit des redoutes assez bien garnies d'artillerie. Le général Grenier connaissant l'importance de ce point, s'y porta aussitôt avec toute sa division pour s'en rendre le maître, et il donna ordre de l'attaquer. Sur ces entrefaites, le vice-roi dirigeait plusieurs colonnes sur les crêtes des montagnes pour prendre l'ennemi à revers. A trois heures après-midi les retranchemens furent attaqués de front, tandis que le général de brigade Campi franchissant tout obstacle, marchait sur le revers des montagnes. Les redoutes furent emportées avec impétuosité;

l'ennemi fut culbuté et poursuivi plus de deux lieues l'épée dans les reins. Trois bataillons de grenadiers qui venaient au secours de ce corps, n'eurent pas le temps de se mettre en bataille. Un seul d'entre eux put faire une décharge; nos jeunes soldats ne lui permirent pas d'en faire une seconde; ils s'élancèrent sur lui au pas de course, la baïonnette en avant : les trois bataillons furent enfoncés. Le temps était horrible; la pluie tombait à torrens, ce qui empêcha de poursuivre l'ennemi, qui laissa quatre cents hommes tués ou blessés, et trois cent cinquante prisonniers. Notre perte fut un peu moindre. Cette division se mit en communication par Loebel avec celle de Grenier.

Cet échec n'empêcha pas néanmoins les Autrichiens de pousser en avant sur notre droite. On envoya le 9 quelques compagnies d'éclaireurs du côté de Carlstadt, où des colonnes ennemies avaient pénétré pour appuyer leur expédition sur Fiume. Palombini s'y rendit avec huit bataillons. D'un autre point, le vice-roi détacha Bellotti avec trois bataillons et deux pièces d'artillerie ; mais cette dernière division, au lieu de tenir la direction qui lui avait été indiquée, s'égara pendant la nuit par une pluie affreuse, et vint tomber au milieu d'un corps de trois mille Autrichiens, qui lui tuèrent ou blessèrent quatre cents hommes. Bellotti lui-même, atteint d'une balle, fut fait prisonnier avec six cents des siens.

Le général Palombini ayant exécuté sa jonction avec Pino, cette division partit le 13 et se porta sur la Lippa pour y attaquer l'ennemi, tandis que le vice-roi marchait sur la route de Carlstadt avec la garde royale et une partie de la quatrième division. Les corps autrichiens attaqués dans leur position de San Morcino et de Wechselburg, s'y défendirent faiblement. Le vice-roi occupa ce dernier bourg dans l'après-midi, après avoir mis hors de combat cent quatre-vingts hommes et fait une centaine de prisonniers du régiment de Brœder.

Pendant que ce mouvement s'exécutait sur Wechselburg, les divisions Pino et Palombini se dirigèrent sur Adelsberg et Fiume, où l'ennemi avait reçu plusieurs bataillons de renfort. Le 14, au point du jour, Palombini le trouva dans sa position sur la Lippa, l'y attaqua sans balancer, le culbuta après lui avoir tué ou blessé quatre cents hommes et fait cent prisonniers. Le général Nugent, qui commandait ce corps, et l'archiduc Maximilien étaient présens à ce combat, où nous perdîmes deux cents hommes. Les colonels Dubois et Paolucci furent blessés.

Dans la journée, les tirailleurs amenèrent quelques paysans qu'ils avaient pris les armes à la main; on les fusilla sur le champ.

Le 15, après quelque repos, la division descendit les montagnes et marcha sur Fiume, où elle arriva le 16, et y entra sans résistance. L'ennemi l'avait abandonné précipitamment en y laissant deux pièces d'artillerie. L'archiduc Maximilien, qui y était venu, eut à peine le temps de s'échapper en s'embarquant sur un vaisseau anglais, commandé par l'amiral Sreemantle. Pino ayant laissé une petite garnison dans ce port, reprit la route d'Adelsberg, pour se rapprocher du centre des opérations.

L'ennemi déployant des forces bien supérieures en nombre aux nôtres, avait tourné notre droite; et tandis que le vice-roi y portait son attention, des corps nombreux d'Autrichiens, suivant la crête des Alpes tyroliennes, avaient débordé notre gauche en descendant dans la vallée de l'Adige. Déjà ils occupaient tout le haut Tyrol, et la ville de Trente allait tomber en leur pouvoir. Le général Bonfanti fut aussitôt expédié avec sa division vers cette partie menacée, afin de nous tirer de la position critique dans laquelle nous nous trouvions.

Dans la nuit du 22 au 23, l'ennemi faisait filer quelques troupes sur Lieuz; et paraissait avoir porté de forts détachemens du côté de Spithal et de Windischkappel, sur les flancs de notre arrière-garde, postée encore sur les bords de la Drave; dans le même temps un bataillon du 133e régiment, mis en observation à Saint-Hermanger, avait été attaqué et débusqué. Dès-lors le général Verdier jugea convenable de concentrer sa division dans la position de Federaun et Rechersdorff; aussitôt le vice-roi envoya pour le soutenir le général Grenier avec une partie de ses troupes : il commandait l'aile gauche, le prince s'étant réservé la droite comme la plus importante et la plus menacée ; mais il fut impossible de nous maintenir dans ces positions ; il fallut en prendre une en-deçà de la Save, sur les bords de laquelle nous jetâmes nos avant-postes. A Weisselburg, il y eut une escarmouche sur la route d'Aversperg, où nous fîmes quarante prisonniers du régiment Franzcarl.

Mais toutes ces affaires ne menaient à rien de décisif. L'armée franco-italienne ne recevait que de très-faibles renforts ; l'armée française d'Allemagne absorbait tous ceux qu'on eût pu attendre de la France ; l'ennemi, au contraire, se fortifiait de jour en jour. L'Autriche aidait faiblement les autres puissances, qu'elle laissait aux prises en Saxe avec Buonaparte ; elle portait au contraire le plus de forces qu'elle pouvait du côté de l'Italie.

Le vice-roi déployait toute l'activité d'un jeune soldat et tout ce qu'il avait de talens guerriers, pour se maintenir dans ses positions, ou du moins pour défendre le terrain pied à pied ; mais la pénurie des vivres commençait à se faire sentir dans son camp. Les divers corps de l'armée étaient harassés par des marches continuelles et souvent forcées, et par les combats partiels qu'il fallait livrer chaque jour : d'une autre part les nouvelles de l'armée d'Allemagne n'étaient rien moins que satisfaisantes. Le vieux général-major d'artillerie Hiller, qui présidait à toutes les opérations militaires des Autrichiens, se réjouissant de voir le vice-roi engagé si loin par son imprudente ardeur, répandait dans le Frioul et jusqu'à Brescia, une proclamation aux Italiens, dans laquelle il leur disait qu'ils seraient bientôt délivrés ; et qu'il aurait le vice-roi quand il le voudrait. Celui-ci avait le cœur navré ; l'armée elle-même paraissait un peu découragée ; cependant elle faisait toujours bonne contenance dans toutes les occasions. L'ennemi, au contraire, enhardi par les succès que les alliés avaient obtenus en Saxe, devenait plus audacieux, sans néanmoins profiter de tous les avantages que lui donnait son immense supériorité en nombre, car sa marche était toujours pesante, tâtonneuse, et ses progrès très-lents.

Dans cet état de choses, tout nous faisait présumer avec raison que nous ne pourrions pas tenir long-temps la campagne dans un pays dont les habitans commençaient à s'insurger contre nous, à l'exemple du Tyrol. Nous fûmes forcés de prendre position sur la Piave.

Le 25, à cinq heures du matin, un corps de trois mille hommes d'infanterie avec trois cents chevaux et une batterie de quatre pièces d'artillerie, attaqua les retranchemens que nous avions commencés à la tête du pont de Tschenusse, que défendaient un bataillon du 84e, et un autre du 3e de ligne italien, et un détachement de cent hommes de la garde royale, sous les ordres du général de brigade Fontana. Une vive fusillade s'engagea. L'ennemi repoussé dans sa première attaque, en recommença une seconde avec plus de furie; mais il fut encore rejeté en arrière. Il ne se rebuta point, et revint une troisième fois à la charge sans aucun succès : sa manœuvre lente et embarrassée nous donnait le temps de faire sur lui plusieurs décharges, presqu'à bout portant : enfin voyant ses efforts inutiles, il se retira, emmenant avec lui trente chariots de blessés, et laissant environ deux cents hommes morts. Sa perte totale put être évaluée à cinq cents soldats tués ou hors de combat ; la nôtre fut d'environ cent cinquante : le capitaine des grenadiers du 84e, homme d'honneur et de courage, fut tué à la tête de sa compagnie.

Le même jour, l'ennemi débusqua notre garnison de Fiume, et se porta sur Trieste, où il entra sans résistance ; mais il en fut chassé le 30, sans aucune effusion de sang. Dans le même temps, ayant reçu des renforts d'Agram et de Carlstadt, le centre de l'armée ennemie fit un mouvement de Zierknitz par les deux routes de Laschitz et de Gotschée. Le général Palombini se trouvant débordé, se retira d'Adelsberg. Le vice-roi voyant que l'ennemi se portait en force sur toute la ligne d'opération, réunit aussitôt tous les postes qu'il avait sur la Save, et passant par Oberlaybach et Ranina, il se porta en toute hâte sur Zierknitz, où il arriva le 29 au soir. L'ennemi se contenta d'occuper Gotschée; mais ce mouvement nous obligea d'évacuer Laybach, ne laissant qu'une forte garnison dans son château.

L'Istrie était déjà occupée par les troupes autrichiennes, qui y avaient fait plusieurs débarquemens.

L'ennemi continuant à se renforcer sur notre droite, vint de nouveau insulter Trieste, que nous dûmes évacuer pour la seconde fois.

Le vice-roi craignant enfin d'être tourné, ordonna son mouvement rétrograde. Le 2 octobre, il se trouvait sur les hauteurs de Privalt, et Palombini bivouaquait sur Passa-Wicza. La réserve s'était portée dès le 28 septembre à Brixen. Le général Mazzucchelli avait débusqué l'ennemi de Saint-Sigismond, que huit cents hommes défendaient.

Le vice-roi continua tranquillement son mouvement en arrière les 3 et 4; l'ennemi ne songea point à nous inquiéter pendant ces deux derniers jours. Le soir, le quartier-général était déjà à plusieurs lieues de Gorizia. Nos colonnes se dirigeaient sur les positions de l'Isonzo, où l'armée se trouva réunie le 6.

Deux colonnes autrichiennes marchaient par les montagnes sur Canale et Tolmino, tandis qu'une troisième filait sur Wippach. Leur but était de chercher à se porter sur nos flancs, et delà nous dépasser; mais quelques corps détachés contre elles, les continrent.

Le 7, un corps de deux mille hommes étant venu à la découverte sur notre gauche, y rencontra un bataillon du 1er de ligne français, qui le reçut avec sa bravoure ordinaire. Mazzucchelli y accourut, et l'ennemi fut repoussé après une mousqueterie assez vive, laissant sur la place une centaine de morts.

Le 11, le quartier-général se porta à Gradisca. La division de droite occupait les lignes de l'Isonzo, et celle de gauche s'appuyait fortement sur Caporetto. Le général

Grenier la commandait, et il était chargé d'éclairer et de défendre les débouchés de la vallée de la Fella. Il ne s'y passa que quelques escarmouches d'avant-postes, dont tout le fruit fut une centaine de prisonniers que nous fîmes aux régimens Bianchi, Jellachich et Duka. Malgré ces légers avantages, l'ennemi continuait ses progrès et suivait son plan bien combiné, de déborder constamment nos flancs, afin de nous forcer à rétrograder, manœuvre que nous lui avions si bien enseignée dans la campagne de 1804. En effet, plusieurs de ses colonnes, passant sur le revers des montagnes, se montraient déjà dans la vallée de la Piave, tandis que d'autres occupaient l'attention de Mazzucchelli.

Le 13 octobre, Grenier poussa une reconnaissance sur Resceinta, où il fit quelques prisonniers. Les renforts continuaient à arriver à l'ennemi. Le vice-roi voyant la position de l'Isonzo insoutenable contre des forces infiniment supérieures qui nous surpassaient sur la gauche, résolut de l'abandonner et de prendre poste sur la Piave. Le quartier-général partit effectivement de Gradisca, et arriva le 30 octobre sur les bords de cette rivière : il en était temps, car l'ennemi avait déjà huit mille hommes à Bassano, où le général Grenier l'attaqua le même jour. Le lendemain, l'affaire fut vive; nous fîmes trois cents prisonniers, et un bataillon du 42e d'infanterie française s'empara d'une pièce d'artillerie.

Le vice-roi avait fait, dès le 11 octobre, une proclamation aux Italiens; elle terminait ainsi :

« Que l'ennemi soit forcé de s'éloigner de
« notre territoire, et que nous puissions dire
« bientôt avec confiance : *Si nous étions*
« *dignes de recevoir une patrie, nous avons*
« *su la défendre.* »

Mais cette proclamation, faite dans un moment où nous étions dans un état de retraite, paraissait une caricature aux troupes, qui jugent souvent aussi bien que leurs généraux, de leur position. Déjà même un mécontentement sourd régnait dans les corps italiens, dont les chefs étaient souvent traités avec un mépris marqué par le vice-roi, qui s'abandonnait malheureusement aux conseils de quelques intrigans qu'il avait auprès de sa personne, et qui cherchaient à s'élever aux dépens des nationaux : prévention injuste, car la bravoure des troupes italiennes égalait alors celle des Français, avec lesquelles elles rivalisaient de zèle et de bonne conduite. Ce furent sur-tout les officiers revenus de la misérable campagne de Moscou, qui commencèrent à éprouver à Marienwerder des mortifications du prince et de son premier aide-de-camp. Ils répandirent leur esprit de mécontentement parmi leurs camarades, en attribuant à ces deux premiers des propos durs et avilissans, qui pouvaient être calomnieux, mais qui n'en circulaient pas moins de bouche en bouche, comme véritables. On vit même mettre de côté l'un des plus anciens généraux italiens, le général Pino, qui avait servi avec gloire. Nous verrons, au reste, combien cette prévention devint préjudiciable au vice-roi, et combien elle fit tourner à son désavantage l'opinion publique, qui jusqu'alors ne lui avait pas été formellement défavorable : tant il est vrai que les grands, malgré leurs bonnes intentions, sont souvent déviés de la voie du bonheur public par de vils flatteurs qui ne servent jamais que leur propre intérêt! Mais reprenons les opérations militaires.

Le combat de Bassano n'eut aucun résultat avantageux pour nos armes. La position sur la Piave ne fut pas jugée tenable, car l'ennemi nous pressait sur nos ailes; il fallut donc abandonner cette ligne; et dès le 3 novembre, l'armée commença son mouvement pour aller prendre la défense de l'Adige. Ce mouvement fut terminé le 6. Le soir, le quartier-général était rendu à Vérone. Les forces principales s'étaient concentrées aux environs de cette ville. Une division passa à Rivoli, ancien théâtre de l'une de nos glorieuses victoires sur les armées autrichiennes en 1796; une autre se porta sur Legnano, et l'on détacha un corps de quatre mille hommes sur Brescia, que l'ennemi menaçait. On envoya à Mantoue quelques centaines de prisonniers faits à Bassano, sur les régimens de Bianchi,

Jellachich et Hohenloe - Barteinstein (1).

Le 9 novembre, le vice-roi partit de Vérone pour diriger une expédition dans la vallée de l'Adige, par la route de Trente. Son quartier-général se rendit le même jour à Peri, et le 10 il s'établit à Ala. Les troupes de la division Verdier marchaient sur trois colonnes : la plus forte tenait la grande route ; la seconde, sous les ordres de Palombini, après avoir débouché de la Corona, remontait la rive droite du fleuve. L'ennemi, pris sur ses derrières, fut repoussé de ses positions ; il n'y eut cependant que des affaires partielles. En deux jours on lui fit huit cents prisonniers, des régimens Spleni, Duka, Hohenloe - Bar-

---

(1) On s'aperçoit ici que l'historien, induit en erreur par les faux rapports que l'on faisait circuler dans l'armée, imite ces fameux bulletins où l'on exagérait les pertes de l'ennemi sans avouer toutes celles qu'il nous avait fait essuyer. La vérité est que le vice-roi perdit beaucoup de monde, et sacrifia sur-tout beaucoup d'Italiens dans ces entreprises extrêmement hasardées, où il cherchait à se faire une grande réputation militaire.

tenstein, hussards de Frimont et 8ᵉ de chasseurs, et on lui tua deux cents hommes. Nous en eûmes 250 hors de combat. Le général Verdier reçut une balle dans la cuisse.

Pendant cette expédition, l'ennemi s'avança vers notre centre, et prit position le 15, à Caldiero, à peu de milles de Vérone. Un corps de dix mille hommes s'y fortifiait déjà, lorsque nos troupes l'attaquèrent avec fureur, et le rejetèrent au-delà de l'Alpone, après lui avoir tué ou blessé quinze cents hommes et fait neuf cents prisonniers. Les 52, 102, 20, 42 et 84ᵉ régimens d'infanterie française se conduisirent avec leur bravoure assez connue ; le 31ᵉ régiment de chasseurs à cheval mérita d'être cité. Le 1ᵉʳ régiment de hussards entra le premier, ventre à terre, dans les retranchemens ennemis, et sabra tout ce qu'il trouva sous la main.

Le 19, l'ennemi ayant rappelé tous ses détachemens et rassemblé toutes ses forces dans la position de l'Alpone, vint dans la matinée attaquer nos avant-postes à San-Martino. Notre première ligne, assaillie par des forces supérieures, se replia sur les bataillons qui étaient en réserve au-delà de San-Michele. Vers les dix heures du matin, le combat était engagé sur toute cette ligne avec assez de chaleur. Le feld-maréchal comte de Bellegarde, qui était venu remplacer Hiller, et commandait en chef les troupes ennemies, avait sous lui douze bataillons d'infanterie et quelques escadrons de cavalerie. Nous n'avions que six bataillons et quelques compagnies de cavalerie légère. Le feu dura jusqu'à six heures du soir, sans que l'ennemi pût gagner d'autre terrain que celui de la première ligne. Le 1er régiment de hussards (Berchigny) exécuta plusieurs charges très-heureuses, et montra aux chevau-légers ennemis qu'il était toujours le même qui leur donna de si bonnes leçons dans la campagne de 1796 et 1797. Enfin les Autrichiens se retirèrent, laissant douze cents hommes hors de combat; nous leur prîmes trois cents hommes des régimens Bianchy, Chasteller, Beniowski et Deutchmeister. Notre perte fut évaluée à huit cents hommes.

On a souvent critiqué les bulletins de nos armées, sous le prétexte qu'ils affaiblissaient nos pertes, sur-tout dans les guerres contre l'Autriche ; mais les militaires qui ont servi dans ces campagnes, savent combien la mousqueterie et l'artillerie de cette nation sont inférieures aux nôtres dans leur effet. L'Autrichien tire de trop loin, et presque toujours trop haut. Nous fûmes témoins, au passage du pont de Lody, le 14 mai 1796 (où nous ne perdîmes au plus que quatre mille hommes, quoiqu'un écrivain moderne, M. Marchand, ait avancé que nous en avions perdu douze mille, ce qui eût été plus du tiers de l'effectif de nos combattans); nous fûmes témoins, disons-nous, qu'une grande partie des boulets autrichiens passa à plus de 25 pieds au-dessus de nos têtes, et atteignit quelques-uns des habitans qui étaient montés sur les toits pour être spectateurs de cette bataille fameuse, dans laquelle M. de Beaulieu vit dissiper, par ses fausses manœuvres, une belle armée de quatre-vingt mille combattans.

Pendant que l'ennemi insultait notre gauche et notre centre, il débarqua sur le Pô, près de Volano, deux mille hommes sous les ordres du général Nugent; cette colonne se porta aussitôt sur Ferrare, dont elle s'empara sans coup-férir. Le général Pino, qui s'était rendu en toute diligence à Bologne pour y recueillir quelques troupes, y rassembla le peu de forces disponibles, et vint se joindre à deux petites colonnes mobiles que le vice-roi avait détachées, et qui avaient passé le Pô à Ostilia, pour marcher contre ce corps.

Le 27, le général Mermet poussa une reconnaissance au-delà de Legnago, et chassa devant lui quelques détachemens ennemis, tandis que Pino cherchait à débusquer le général Nugent à Ferrare.

Le vice-roi était très-inquiet sur les dispositions de Murat. Il savait que Murat avait organisé une nouvelle armée composée en partie de Napolitains, de transfuges Italiens, de Corses et de Français. Il dépêcha à Naples son aide-de-camp Gifflanga, qui fut reçu assez cavalièrement, et à qui on donna des assurances de paix et d'amitié très-satisfaisantes en apparence. Mais ce jeune homme, peu au fait des manéges de cette cour, ne suspecta point les manières gasconnes de Murat; il eût dû avoir à ses gages quelques espions, dont nul pays n'abonde plus que celui-là; ils l'auraient mis au fait de ce qui se tramait dans le cabinet de Naples. Quoi qu'il en soit, il revint avec des promesses et des protestations auxquelles le vice-roi dut ajouter foi pour bien des motifs.

Sur ces entrefaites, l'ennemi, qui s'était assuré des dispositions de Murat, et qui aurait pu nous accabler par le nombre et nous repousser au-delà des lignes fameuses du Mincio, s'avançait néanmoins pesamment et avec lenteur. Il se montra vers Rovigo. Le général de Conchy, qui manœuvrait de ce côté-là, se porta sur cette ville pour la couvrir. En effet, on eut avis qu'une colonne de trois mille hommes d'infanterie hongroise et de 400 hulans de Meerfeld avait passé le bas Adige, près de la Bovara, pour se mettre en communication, du côté de Crespino, avec le général Nugent. De Conchy ayant pris trois régimens de la division Marlognes et 200 chevaux du 3ᵉ de chasseurs italiens, marcha contre eux vers Rovigo. Le combat s'engagea le 3 décembre à 10 heures du matin, et à midi Nugent fut en pleine déroute. Il repassa l'Adige en toute hâte, laissant 400 hommes tués ou blessés et 800 prisonniers, dont un major, cinq capitaines et dix-sept autres officiers. Le colonel des chasseurs Rambourg et le chef d'escadron Buttarel se comportèrent avec distinction.

Depuis cette époque jusqu'au 18, tout fut tranquille sur la ligne, et l'on ne fit qu'échanger quelques coups de fusil aux avant-postes. Le 19, le vice-roi passa en revue à Vérone la garde royale et plusieurs bataillons et escadrons nouvellement arrivés avec le général Fontanelli.

Cependant Murat faisait avancer son armée sur deux colonnes, l'une par les Abruzzes, et l'autre par la Campanie. Il avait sous ses ordres les généraux Carascosa, d'un médiocre talent, mais plein de forfanterie; Macdonaldo, qui avait été aide-de-camp du vieux général cisalpin Trivulzi, dont il avait épousé la concubine, et qui n'avait pu obtenir de l'emploi ni en France ni dans le royaume d'Italie. L'ex-général lombard Lecchi, qui, pour les cruautés, les exactions et les rapines qu'il avait commises en Espagne, avait été traduit devant un conseil de guerre à Paris, et renvoyé sans emploi. Enfin, de la Vauguyon le jeune, lequel, après avoir été disgracié par Murat en 1811, époque où il était commandant des vélites à cheval de sa garde, était venu à Milan, où il avait vécu pendant près de trois ans en simple particulier. Lorsque Murat passa par cette capitale, à sa défection de l'armée française dans la retraite de Russie, la Vauguyon lui demanda une audience à l'auberge *impérial*, où le roi de Naples avait mis pied à terre. Celui-ci refusa de l'écouter. La Vauguyon ne se rebuta point; et l'ayant devancé à Marignano, qui est la première poste après Milan, sur la route de Rome, il trouva le moment de l'aborder, et le supplia avec tant d'instances de lui rendre ses bonnes grâces, que Murat se laissa fléchir, et lui ordonna de le suivre. Il l'employa ensuite à son armée, lui ayant donné à commander une division de son arrière-garde. Tels étaient les chefs que Murat avait placés à la tête de ses colonnes.

Nous ne saurions omettre ici un trait qui caractérise bien l'infâme duplicité de Murat. Après son entrevue avec la Vauguyon, il poursuivit sa route. Arrivé à Lodi (c'était un dimanche, à l'issue des offices), tandis qu'on changeait de chevaux, plusieurs personnes entourèrent sa voiture, et un bourgeois lui ayant demandé s'il reviendrait bientôt au secours du vice-roi : « Sans doute, répondit-il avec son air gascon, avant un mois je viendrai vous secourir avec cinquante mille bons b..... » Ce furent ses propres expressions, et il partit comme un éclair.

Enfin le vice-roi eut avis à Vérone, que la première colonne napolitaine, composée de neuf mille cinq cents hommes, s'était présentée le 4 décembre devant la ville de Fermo, où ils avaient été reçus comme des amis et des libérateurs. Les 6, 7 et 8 elle se dirigea sur Ancône, où elle se présenta sous le même masque de fraternité, et où elle fut reçue comme à Fermo. Cependant le général français Barbou, qui commandait la place, se retira dans la citadelle, et il refusa de la remettre à Macdonaldo, qui lui en fit une espèce de sommation. Celui-ci chercha même à s'en rendre maître par surprise; mais son astuce grossière et maladroite échoua contre la vigilance des Français.

Les Napolitains poussèrent l'impudence et la duplicité jusqu'à faire demander au gouvernement italien des fournitures en souliers et autres effets militaires d'équipement, qui leur furent effectivement fournis avec loyauté et confiance. Les caisses des départemens du Musone, du Tronto et du Metauro leur furent généreusement ouvertes.

Tandis que cette première colonne napolitaine s'emparait ainsi, par la trahison la plus infâme, de la marche d'Ancône et du reste de la Romagne, la seconde marchait sur Rome.

Depuis long-temps cette 30ᵉ division militaire de la France était menacée d'un soulèvement de la part du peuple. Le prêtre *Félix Battaglia* insurgea les campagnes des environs de Viterbe, se mit à la tête d'une troupe de révoltés, s'empara des caisses publiques, et leva des contributions sur les personnes attachées au parti français. Des écrits et des proclamations incendiaires furent répandus à profusion dans tous les états pontificaux. Le général Miollis, qui y commandait, fit marcher la force armée, qui dispersa bientôt les bandes d'insurgés. Battaglia fut arrêté et conduit à Rome. Ses dépositions prouvèrent qu'il n'était que l'agent du consul napolitain Zuccari, chargé par sa cour de susciter secrètement un soulèvement général contre les Français. Les sectes des Carbonari et des Crivellari, espèces d'illuminés, ainsi que plusieurs grands seigneurs et jurisconsultes romains, jouaient un rôle important dans cette intrigue politique.

A la fin de novembre, la 1re division des troupes napolitaines, commandée par le général Carascosa et les lieutenans-généraux français Millet et Domont, et le maréchal-de-camp Livron, arriva à Rome, où, après avoir été accueillie comme amie, exigea assez impérieusement des vivres, de l'argent et des moyens de transports, qui lui furent fournis parce que les ordres du ministre de la guerre de France étaient que l'on traitât les troupes de Murat comme des alliés. Cependant Miollis et M. Janet, administrateur de cette division, conçurent de violens soupçons sur la conduite de Joachim.

Après le départ de la 1re division, la 3e, commandée par le général Pignatelli Cerchiara (la 2e aux ordres du général *Ambrosio*), avait passé par les Abruzzes pour se porter sur Ancône.

L'armée de Murat était composée de quarante bataillons, vingt escadrons, et d'environ cinquante pièces d'artillerie. Cette troupe avait une belle tenue, mais ce n'était qu'un ramassis de vagabonds et de pillards enrôlés par force, et tout à fait indisciplinés.

La 1re division et la garde, à leur départ, se dirigèrent partie sur Florence et partie sur Ancône. La 3e resta à Rome et dans les environs.

Sur ces entrefaites, Murat écrivit au général Miollis, pour obtenir de mettre un dépôt de cavalerie dans le château Saint-

Ange; ce que celui-ci refusa, car il avait appris que le comte de Mier, envoyé extraordinaire de la cour d'Autriche, et le lord William Bentinck, commandant les forces anglaises en Sicile, avaient été admis à Naples, et que Murat avait projeté avec eux un traité d'alliance offensive et défensive.

Miollis n'avait pas plus de quatre mille hommes dans sa division, et le plus grand nombre étaient des conscrits et des soldats pontificaux sur lesquels on ne pouvait guère compter. Le duc de Feltre, ministre de la guerre, avait prescrit à Miollis de ne point accorder l'entrée des forteresses aux Napolitains, et de les mettre, au contraire, en état de défense. Civita-Vecchia et le château Saint-Ange étaient les seuls de la 30ᵉ division militaire qui fussent de quelque importance.

Fouché s'était rendu à Naples sans aucune mission apparente. Il revint à Rome, où il passa quinze jours. Miollis s'aperçut bien que ce rusé ministre était parfaitement instruit des projets de Murat.

Enfin, le 19 janvier, le lieutenant-général

la Vauguyon, aide-de-camp de Murat, se présenta à Miollis, et lui donna communication d'une lettre de son maître, qui le nommait commandant supérieur des Etats romains, dont il devait prendre possession provisoirement en son nom. En même temps les troupes napolitaines se répandirent dans Rome par patrouilles nombreuses, et placèrent des piquets sur les places et aux établissemens publics. Le général Miollis, qui n'avait au plus que quinze cents hommes, donna ordre à ses troupes de remettre les postes aux Napolitains, et il se retira avec elles dans le château Saint-Ange, ce qui se fit sans désordre ni violence. Toutes les autorités civiles françaises reçurent ordre de remettre leurs bureaux et papiers, et de partir pour la France. La Vauguyon publia, le même jour, une proclamation aussi impertinente que mal rédigée, dans laquelle plusieurs fonctionnaires français étaient gratuitement insultés. Murat arriva quelques jours après à Rome, où il fit une espèce d'entrée triomphale, vraie caricature bien digne de ce monarque! Il demanda à

Miollis une entrevue, que celui-ci lui refusa nettement. La nuit suivante, M. Durand, ambassadeur français à Naples, passa par Rome, se rendant en France, escorté par un aide-de-camp du ministre de la guerre. Le 20 janvier, la division napolitaine forma le blocus du château Saint-Ange, qui ne put faire une longue défense, étant dominé de toutes parts par des maisons très-rapprochées, et par la pointe du Monte-Mario. Néanmoins nos troupes s'y maintinrent paisiblement jusqu'à la fin de février, malgré les sommations réitérées des généraux napolitains Pignatelli, Cerchiara et la Vauguyon.

Enfin, dans les premiers jours de mars, Miollis reçut une copie de la convention passée entre Fouché et le lieutenant-général Lecchi, aide-de-camp de Murat, pour l'évacuation de Rome et de Civita-Vecchia, où commandait le général de brigade Baudin de la Salcette. Fouché avait reçu, à cet effet, les pleins-pouvoirs de Buonaparte. Les troupes françaises se mirent en marche le 10 mars avec tous les honneurs de la guerre, et se rendirent au quartier-général du vice-roi d'Italie. Le général Miollis prit la route de France avec son état-major.

Le général la Vauguyon se comporta assez bien dans cette circonstance envers les Français; il n'en fut pas de même du conseiller d'état Maghella, Génois, et du consul napolitain Zuccari, qui se rendirent odieux par leur persécution.

Reprenons le cours des opérations de l'armée franco-italienne.

Le 10 décembre, les Anglais débarquèrent en Toscane, à Viareggio, et poussèrent jusqu'à Lucques; de là ils vinrent à Pise, et parurent le 13 au soir devant Livourne, dont le commandant français fit fermer les portes et disposer les batteries. On lui fit une sommation, à laquelle il répondit d'une manière négative. Les Anglais se contentèrent de tirer quelques coups de fusil; et voyant la bonne contenance de la garnison, ils se rembarquèrent le 15, sous le prétexte d'aller chercher des renforts en Sardaigne. Leur flotte croisait à la vue de la place. Une députation envoyée par la ville à l'amiral Wilson, le pria d'épargner les horreurs d'un siége. En effet, l'amiral mit à la voile et s'éloigna, bien persuadé d'ailleurs que Livourne tomberait bientôt au pouvoir des alliés. Cependant la fermentation y devint grande ; le peuple criait : *Vive les alliés ! mort aux Français !* Toutes les autorités françaises et les employés du gouvernement crurent prudent de quitter cette ville, et ils gagnèrent comme ils purent Gênes et la France.

De Rome, la division napolitaine se porta sur Florence, que la duchesse Eliza Bacciocchi avait abandonné ; et elle occupa la ville. La division aux ordres de Carascosa, prit possession de Macerata.

Le 24 décembre, les Autrichiens attaquèrent la position de Castagnaro, où le général de Conchy s'était établi avec deux bataillons du 106e français et un bataillon du 36e léger. En vain ils renouvelèrent trois fois leur attaque ; trois fois ils furent culbutés avec une grande perte.

Dans la nuit du 27 au 28 décembre, l'ennemi vint avec des forces supérieures attaquer à l'improviste nos avant-postes sur le mont Touale. Les Italiens le reçurent de pied ferme, et l'obligèrent à se retirer, en laissant sur le champ de bataille plusieurs morts, blessés et prisonniers. Le brave colonel Nori fut frappé d'une balle à la cuisse.

Les colonnes aux ordres du général Nugent, parcouraient le Ferrarois et le Bolognois, en imposant par-tout de fortes contributions.

Le commencement de janvier fut très-mauvais; il tomba une grande quantité de neige; il fallut faire rentrer les éclaireurs. Une compagnie du 84e régiment avait répandu l'alarme à Montebello et à Vicence, où l'ennemi avait des cantonnemens. La brigade de dragons du général de Wrede et la réserve des grenadiers hongrois restèrent sous les armes durant trois jours consécutifs.

Une lettre datée du quartier-général de Vérone, du 5 janvier, s'exprimait ainsi :
« L'ennemi, informé de l'arrivée des trou-
« pes napolitaines, a rappelé ses troupes
« et s'est concentré entre Comacchio et
« Ravenne; il n'a qu'un poste avancé à

« Forli. Les Napolitains sont à Rimini et à
« Bologne. »

On voit par cette lettre combien le vice-roi était alors peu instruit des manœuvres de Murat (1), et combien il prenait le

---

(1) « Nous avons appris, postérieurement à l'époque où nous écrivions ces Mémoires, et par une voie respectable, que Beauharnais savait parfaitement que Murat était un traître; mais il avait ordre de le ménager afin de le gagner, Buonaparte ne pouvant croire que cet homme, qui lui devait sa couronne, voulût agir contre lui; et pensant que, dans cette supposition même, on pourrait le faire revenir, vu son caractère versatile et inconstant. Aussi les ordres du duc de Feltre, ministre de la guerre, étaient-ils de recevoir Murat en ami dans les villes du royaume d'Italie, et de lui faire délivrer tout ce qui serait nécessaire à ses troupes. Ce ne fut que le 15 mars que la déclaration formelle de guerre de la part du roi de Naples, fut signifiée par le lieutenant-général français Millet, chef de l'état-major de l'armée napolitaine, au général de division comte de Vignolles, chef d'état-major de l'armée d'Italie, sous le prétexte d'une sortie de la garnison de la citadelle d'Ancône.

« Quelques jours après, arriva enfin l'ordre formel du duc de Feltre, de considérer le roi de Naples change sur le mouvement rétrogade de l'ennemi, qui, de concert avec Murat, laissait

comme un ennemi, avec le décret de Buonaparte, qui ordonnait à tous les Français qui se trouvaient au service de Murat, de rentrer sur le champ en France. Dans le cas contraire, ils seraient regardés comme traîtres à leur patrie, et jugés comme tels par une commission militaire, s'ils tombaient au pouvoir des troupes françaises. Ce décret fut imprimé et répandu à profusion dans tous les postes et cantonnemens de l'armée napolitaine, et un grand nombre de Français l'abandonnèrent aussitôt; cependant il en resta quelques-uns, tels que M. de Livron, lieutenant-général, commandant alors la garde royale napolitaine. Cet officier, quoique connaissant le décret ci-dessus, eut néanmoins l'imprudence de se présenter au vice-roi, à son quartier-général de Mantoue, comme chargé d'une mission de Murat, par laquelle celui-ci proposait à Eugène de se réunir à lui, après avoir renvoyé toutes les troupes françaises, pour se partager ensuite l'Italie. Cette proposition extravagante fut reçue comme elle devait l'être; et Eugène eut la générosité de renvoyer M. de Livron à son maître, au lieu de le livrer à une commission militaire, qui l'eût fait fusiller dans les vingt-quatre heures, d'après la loi. »

à celui-ci le soin de le seconder sur sa gauche, tandis que lui-même se renforçait vers son centre. Le vice-roi était loin de soupçonner Murat du crime de félonie; il pensait qu'un homme qui devait à Buonaparte une couronne, servirait sa cause avec zèle et loyauté. D'ailleurs il était mal servi par ses espions. A Milan, on était bien convaincu que Murat, malgré ses démonstrations amicales, était un traître. Les lettres de Florence et de Livourne annonçaient toutes ses intentions perfides. Nous vîmes passer à Milan, Simonetti, consul des relations commerciales de Naples à Livourne, qui était envoyé par son maître au congrès de Bâle. Il séjourna deux jours dans la capitale du royaume d'Italie, et il eut même la sotte imprudence de faire confidence de l'objet de sa mission à une courtisanne française, qui en parla à maintes personnes. Simonetti, après avoir assuré les puissances alliées du dévoûment de Murat, revint avec des promesses satisfaisantes, et il eut encore l'audace de repasser par Milan, sans que la police eût l'air d'être informée de cette circonstance. Ainsi, par une fatalité singulière, le prince vice-roi, qui aurait dû être le premier instruit des menées de Murat, était dans l'ignorance la plus aveugle à cet égard, ou du moins il n'en avait que des soupçons.

D'après un mouvement combiné de l'ennemi sur la rivière de Salo et dans les gorges de la Valtrompia, les 16 et 17 janvier, le vice-roi lança sur notre gauche quelques corps de tirailleurs pour arrêter ses progrès. Le colonel Duché et le chef d'escadron de la gendarmerie Rivaira, montrèrent de l'intelligence dans cette expédition.

Des lettres de Ferrare, du 24, se plaignaient hautement des exactions dont le capitaine Napolitain Finetti frappait tous les pays des environs, et des désordres commis par les colonnes mobiles autrichiennes.

Le 16 janvier, Macdonaldo, commandant la division napolitaine à Ancône, somma de nouveau le général français Barbou de rendre la citadelle ; mais celui-ci répondit qu'il était déterminé à s'y défendre jusqu'aux dernières extrémités. Cette circonstance aurait dû suffire pour éclairer le vice-roi sur les dispositions de *S. M. napolitaine*; mais ce ne fut que le 30 qu'il acquit enfin la certitude que Murat le trahissait, ce que toute l'Italie savait déjà depuis un mois. On ne peut, en vérité, s'empêcher de gémir sur le sort des princes qui ont le malheur de s'entourer de vils adulateurs, qui les enveloppent comme dans un épais nuage de ténèbres, d'où ils ne peuvent jamais découvrir la vérité!

Une proclamation datée du quartier-général, du 1er février, apprit à l'armée indignée, la perfidie de Murat. Cette pièce, bien rédigée, respirait une modération sage et une conduite loyale et généreuse de la part du vice-roi.

A cette même époque, les officiers français qui étaient au service de Naples, voyant les dispositions de Murat, abandonnèrent sur le champ son armée, après lui avoir fait les plus vifs reproches; ils le laissaient en proie aux plus sinistres appréhensions sur le sort de ses armes, car il ne comptait guère sur ses officiers nationaux. Tous vinrent au quartier-général du vice-roi, où ils furent bien accueillis.

Le vice-roi se vit contraint d'abandonner la défense de l'Adige, et de prendre les fameuses lignes du Mincio, appuyant sa gauche à Peschiera et au lac de Garda, son centre à Mantoue, et sa droite au Pô. Le quartier-général se transféra le 4 février à Mantoue. La position de son armée devenait critique; les Autrichiens débordaient sa gauche, en observant son centre. La droite était menacée sur les derrières par Nugent, et par les Napolitains, qui occupaient Bologne et Modène.

Veut-on voir une pièce curieuse en fait de proclamation? En voici une que le baron de Carascosa fit publier à Modène, en prenant possession de cette ville :

« Italiens ! il est enfin arrivé le moment si désiré où un cri patriotique nous réunit tous sous les mêmes étendards. Après tant de siècles de *divisions*, de *faiblesses* ou de *vertus occultes*, vous voyez briller pour vous ce jour fortuné où, combattant pour les mêmes intérêts, défendant la même patrie, vous battant pour le bien commun, nous n'avons qu'à nous réunir autour du *Roi magnanime* qui nous a garanti tout cela, pour être assurés d'acquérir ces biens précieux, et d'arriver de victoire en victoire à leur paisible et tranquille possession. Patriotisme désintéressé, confiance aveugle dans notre souverain, *l'excellent Joachim*, à qui déjà les Napolitains sont débiteurs de leur fidélité; constance dans les travaux d'une guerre glorieuse, et rien ne pourra arrêter l'élan de notre valeur, dirigée *par le premier capitaine du siècle*, et animée par la conscience d'être les soutiens de la plus belle de toutes les causes.

« Italiens, venez donc, confondez-vous dans nos lignes, abandonnez celles de vos oppresseurs, et ne donnez pas à l'Europe le spectacle lamentable qu'offrirait celui des Italiens du midi, combattant contre ceux du nord, dans le moment où un appel magnanime les rappelle également à l'honneur, à la gloire et à la félicité. Serez-vous sourds à cette voix? voudrez-vous continuer à être les instrumens de vos chaines? préférerez-vous encore l'humiliation à *l'illusion* la plus séduisante qui puisse enflammer le cœur humain? ne contribuerez-vous pas aussi à accomplir le grand œuvre que toutes les puissances, nos alliées, ont entrepris d'un concert unanime? Non, certainement : vous réaliserez tout ce que *l'univers* attend de vous. »

Cette pièce emphatique amusa beaucoup le public pendant un jour; on remercia Carascosa des belles idées des *vices*, des *faiblesses*, des *divisions*, des *vertus occultes*, dont il gratifiait les Italiens; et pour la première fois, on vit qu'il ne formait qu'une même nation, une même patrie, des Napolitains, des Modénais et des Lombards. Il paraissait, d'après lui, que le royaume d'Italie allait être aggrégé à celui de Naples. Carascosa parlait de victoire; cependant les Napolitains n'avaient pas encore brûlé une amorce. Les *illusions* dont il voulait qu'on se nourrît, étaient une excellente mystification. Enfin les épithètes de *magnanime*, de *très-bon*, de *premier capitaine du siècle*, dont il accompagnait le nom de Joachim, faisaient un plaisant contraste avec la conduite de ce dernier. Mais revenons aux mouvemens des armées.

Le 8 février, il arriva un fait d'armes qui est peut-être unique dans l'histoire. L'armée franco-italienne, par un mouvement combiné, déboucha, avant le jour, de ses positions du Mincio sur plusieurs colonnes. Le général Verdier était resté vers le haut Mincio avec les 3e et 5e divisions, et il avait ordre de se borner à rassembler les corps qui dans la journée auraient débouché de *Montzambano,* afin d'appuyer le mouvement général de l'armée, qui se dirigeait sur Villa-Franca, point sur lequel le vice-roi avait projeté de présenter bataille à l'ennemi. Il comptait le trouver dans la position qu'il occupait la veille à Roverbella, Villa-Franca et Valleggio. Par une circonstance extraordinaire, l'ennemi, cette même nuit, avait reployé toutes ses forces sur Valleggio, et dans le moment où nos divisions passaient la tête du pont St.-Georges, Bellegarde effectuait son passage à Borghetto : le combat s'engagea au-delà de Roverbella, précisément entre notre avant-garde et la réserve des Autrichiens, tandis que le général Verdier opposait la plus vive résistance à leur avant-garde, sur les hauteurs de Montzambano. Le combat devint très-vif sur ces deux points, attendu la position extraordinaire des deux armées ; l'ennemi fut rejeté sur Valleggio, et l'on se battit jusqu'à nuit close. A quatre heures après-midi, le village de Pozzolo était repris ; les colonnes autrichiennes avaient abandonné leurs équipages de pont. De son côté, le général Verdier avait repoussé vigoureusement toutes les attaques, quoiqu'il fût sans communication avec les autres divisions, et qu'il ignorât ce qui se passait au centre, vu que l'ennemi avait poussé des colonnes sur Volta. Nous fîmes deux mille cinq cents prisonniers, dont quarante officiers. L'ennemi eut cinq mille hommes hors de combat, et perdit beaucoup d'équipages : ses régimens de Deutschmeister, de Reiski, la réserve des grenadiers et les chevau-légers de Hohenlohe, souffrirent considérablement. Le 31ᵉ régiment de chasseurs français enfonça un bataillon carré des grenadiers de Faber, qu'il tailla en pièces : attaqué à son tour par un escadron de hulans, il fondit sur lui, et après l'avoir presque entièrement détruit, nos chasseurs mirent pied à terre, enlevèrent les ceintures des morts et s'en ceignirent pour marque de leur victoire. Nous eûmes environ trois mille hommes tués ou blessés. Pendant la nuit, l'ennemi fit retourner sur Valleggio les forces qu'il avait dirigées contre Verdier. Nos troupes, après avoir bivaqué sur le champ de bataille, repassèrent le Mincio, et rétablirent la communication avec notre gauche.

Le général Zucchi s'était porté avec sa division sur les divers débouchés d'Isola della Scala, pour flanquer et inquiéter la droite de l'ennemi ; il rencontra quelques bataillons, qu'il repoussa, et il rentra le matin dans Mantoue avec plusieurs centaines de prisonniers.

Cette bataille singulière est la seule marquante de la campagne, et le résultat en fut nul pour les deux partis. Cependant l'ennemi avait repris et conservé son pont de Borghetto. Nous comptions après ce fait prendre quelque repos, mais le général Bellegarde voulant profiter de l'avantage que lui offrait ce point, protégé par les hauteurs de Valleggio, où toute son armée était réunie, fit déboucher, dans la nuit du 9 au 10, dix mille hommes d'infanterie et deux mille chevaux, dans l'espoir de s'établir sur la rive droite du Mincio. Le lendemain, à la pointe du jour, les éclaireurs du général Grenier, partis de Volta, et ceux de Verdier, expédiés de Montzambano, rencontrèrent l'ennemi sur les hauteurs de Borghetto. Le vice-roi monta à cheval aux premiers coups de feu, et fit avancer plusieurs colonnes pour soutenir nos tirailleurs, qui étaient déjà fortement engagés. Grenier s'avança par les hauteurs de droite avec la division Marcagnes, tandis que Verdier marchait sur celles de gauche avec le corps de Fressinet. Les Autrichiens ne purent soutenir le chóc de nos troupes, quoiqu'ils fussent protégés par de nombreuses batteries élevées sur les hauteurs opposées. Tous les mamelons, tous les hameaux, toutes les bicoques mêmes, défendus avec acharnement, furent emportés à la baïonnette. L'ennemi repassa le Mincio en désordre, avec perte de quatre cents hommes. Les divisions Grenier, Verdier, Quesnel, Mermet, Bonnemain, le 4e régiment de chasseurs italiens, le 31e français, et le 1er et le 14e d'infanterie, se distinguèrent dans cette occasion.

Le 13, le maréchal de Bellegarde se porta de nouveau sur Villa-Franca. Le 14, il avait fait pénétrer quelques colonnes dans la Valtrompia et Sabbia. Son intention paraissait être de s'approcher de Brescia, dans l'espoir d'opérer quelqu'heureuse diversion. Le général Bonfanti rappela aussitôt tous les détachemens qu'il avait dans différentes vallées, pour les éclairer, et il sortit le 15, avant le jour, de Brescia, pour se porter sur Cardonne, ayant avec lui un bataillon du 35e français, un autre du 6e de ligne italien et 150 gendarmes à cheval. Les avant-postes ennemis furent rencontrés à huit milles de Brescia, et furent repoussés au pas de charge jusqu'au-delà de Gardonne, dont nous nous emparâmes, malgré la résistance qui nous y fut opposée. A la nuit, nos troupes rentrèrent à Brescia avec une centaine de prisonniers. L'ennemi perdit trois cents hommes. Nous eûmes quinze morts et cent blessés.

Le 15, le vice-roi ayant eu avis que l'ennemi avait porté une colonne de deux mille hommes sur Salo, y envoya sur le champ la garde royale, qui y arriva le 16, et attaqua la ville avec intrépidité. Les jeunes chasseurs de la garde, ayant à leur tête le brave colonel Peraldi, se précipitèrent dans les rues, la baïonnette au bout du fusil. La ville fut emportée, et l'ennemi poursuivi l'épée dans les reins. On lui tua une centaine d'hommes et on lui fit un pareil nombre de prisonniers.

La flottille du lac de Garda, commandée par le capitaine Tempié, contribua beaucoup au succès de ce fait d'armes, en canonnant les colonnes ennemies, sur la route qui longe le lac, ce qui obligea cinq à six cents hommes à se débander, et à se jeter dans les montagnes. Le général Théodore Lecchi commandait cette expédition, dont le succès assura notre gauche, que l'ennemi voulait tourner en occupant les montagnes. Il est certain que si le comte de Bellegarde eût bien connu l'importance de ce point, il y aurait fait filer des forces suffisantes pour s'y maintenir et se porter sur Brescia, et ensuite sur le pont de Cassano, sur l'Adda, qui lui ouvrait la route de Milan; dès-lors notre position des lignes du Mincio devenait extrêmement critique, et le vice-roi eût été forcé de l'abandonner, pour se mettre à couvert sur la rive droite du Pô, car les forces ennemies étaient au moins le double des nôtres.

Le 17, Lecchi fit attaquer par les chasseurs de la garde royale italienne, et par un piquet de dragons, l'ennemi, qui paraissait se rallier à Maderno. Cette position fut insultée de front à huit heures du matin, tandis qu'une colonne se dirigeait pour la prendre à revers. Les Autrichiens ne s'y maintinrent pas, et se retirèrent promptement à Tuscolano. Nous prîmes et tuâmes environ deux cent cinquante hommes. Les officiers Filiberti, Giovanni et Sabattini se distinguèrent, ainsi que le dragon Peccinti, qui s'élança le premier sur un bataillon ennemi, dont il sabra plusieurs hommes.

Le comte de Bellegarde porta son quartier-général à Vérone, et Neipperg prit le commandement de sa première ligne.

Il ne se passa rien d'important entre les deux armées, depuis le 18 février jusqu'au 1er mars. Ce jour-là, le général Villata sortit de Borgoforte avec le 5e régiment de ligne italien, un détachement de cavalerie et une batterie d'artillerie; il se porta vers Guastalla, pour seconder les opérations du général Grenier sur Parme. Guastalla était occupé par un corps franc autrichien de quatre cents hommes, et par 200 chevau-légers napolitains. Au premier coup de feu, ceux-ci gagnèrent au galop la route de Reggio, et s'enfuirent sans prendre part au combat; le reste ne tint pas long-temps.

Le lendemain, Villata poussa une découverte sur *Brescelloa*, et dispersa quelques corps de Croates qui y rôdaient.

Le vice-roi avait eu avis que les Anglais ayant de nouveau débarqué en Toscane, venaient se joindre aux Napolitains, qui occupaient Bologne, Modène et Reggio. Il pensa qu'il était possible que quelqu'autre colonne de ces premiers, après avoir débarqué sur la côte de Gênes, vînt par la vallée de la Scrivia sur Plaisance, inquiéter nos derrières, attendu qu'Alexandrie ne renfermait plus que des conscrits nouvellement arrivés, sur lesquels on ne pouvait pas compter. C'est pourquoi il avait détaché le général Grenier avec une division d'infanterie et une brigade de cavalerie légère, pour se réunir aux autres corps qui se trouvaient déjà à Plaisance, d'où ils observaient l'Appenin, et pour agir ensuite contre les colonnes ennemies qui manœuvraient sur la rive droite du Pô. Grenier prit position sur le Taro, le 3 mars, et ayant disposé sa division sur trois colonnes, il marcha sur Parme, que le général autrichien Nugent occupait avec apparence de vouloir s'y défendre ; mais à notre approche il ordonna sa retraite sur la petite rivière de l'Enza, laissant seulement trois mille hommes dans Parme, dans l'espoir de retarder notre marche. Grenier fit aussitôt investir la ville, où nos braves s'élancèrent au pas de charge; un feu très-vif de mousqueterie s'engagea dans les rues; mais l'ennemi épouvanté se retira bientôt en désordre et se replia sur sa réserve; on l'y poursuivit et on le rejeta de l'autre côté de l'Enza. Nous nous emparâmes du pont, malgré le feu d'une batterie de six pièces d'artillerie qui le défendaient, et que la supériorité de la nôtre fit taire. L'ennemi eut environ six cents hommes tués, et le double de blessés; nous lui fîmes seize cent quatre-vingt-deux prisonniers, avec trente-sept officiers, dont un colonel, un major et dix capitaines. Il perdit deux pièces de canon et cinq voitures du génie. On trouva plus de trois mille fusils dans les rues et sur les remparts de Parme.

Nos généraux de brigade Schmidt, Jeannin et Rambourg se distinguèrent dans cette affaire; le 19e de chasseurs tailla en pièces les hussards de Radenski; les dragons de la garde royale soutinrent leur réputation ; les 1er et 3e de chasseurs italiens se comportèrent avec la plus grande bravoure.

Le 4, Grenier se mit en mouvement et se dirigea sur Reggio ; son avant-garde y entra après midi ; les Napolitains l'avaient abandonné pendant la nuit. Le général Rambourg n'y trouva qu'une arrière-garde des hussards de Radenski, qui fut sabrée. On fit dans cette journée encore plus de cinq cents prisonniers. Le vice-roi s'était rendu à Guastalla avec quelques troupes, pour appuyer, en cas de besoin, le mouvement opéré sur Reggio ; le 4 au soir il revint à Volta.

Le 5, le général Zucchi, gouverneur de Mantoue, donna ordre au général Paolucci de pousser une forte reconnaissance au-delà de Governolo ; ce qui fut exécuté avec un heureux succès. Le 2e régiment d'infanterie légère italienne, sous les ordres du colonel Varese, fit reculer les postes ennemis à plusieurs milles de leurs positions ; il détruisit diverses fortifications, et rentra avec un officier et cinquante-cinq soldats prisonniers, du régiment de Bianchi et d'un corps de Croates.

Vainement l'ennemi avait tenté de surprendre Venise; le général Serras y commandait; sa bravoure et sa fermeté étaient connues du vice-roi, qui était tranquille sur le sort de cette place : Serras y maintenait une discipline sévère. Quelques mécontens ayant tenu des discours séditieux, furent arrêtés sur le champ, et il menaça de faire sauter la ville, en introduisant dans le canal de Rialto, un vaisseau démâté et armé en brûlot, si les citoyens donnaient le moindre signal de rébellion. Ces mesures vigoureuses retinrent tout en calme.

Le 9 mars, Murat ayant rassemblé toutes ses forces vers Modène, vint avec plus de dix-huit mille hommes et de l'artillerie anglaise, attaquer le corps d'observation que nous avions à Reggio. Ce corps, fort à peine de deux mille cinq cents hommes, soutint durant toute la journée le feu de l'armée napolitaine, formée sur plusieurs lignes sous la ville, où elle n'osait pénétrer. La canonnade dura plusieurs heures; mais menacés d'être tournés par des troupes six fois plus nombreuses, nous nous retirâmes en bon ordre sur le Taro. Le général Severoli eut une jambe emportée d'un boulet de canon, mais les Napolitains perdirent bien du monde.

Le lendemain, les rapports de nos éclaireurs annoncèrent au vice-roi un mouvement sur toute la ligne ennemie. Une forte reconnaissance fût ordonnée. Le corps parti de Mont-Jambano, rencontra l'avant-garde ennemie sur les premières hauteurs. Celui sorti de Goïto, fort de deux bataillons et de quatre-vingts chevaux, sous les ordres du général Jeannin, repoussa les premiers postes ennemis, qu'il rejeta jusque sur Roverbella, où il parut vouloir faire quelque résistance ; on lui fit soixante-sept prisonniers. La colonne partie de Mantoue pour reconnaître Castiglione, ayant à sa tête le général Galimberti, repoussa les Autrichiens jusque sur ce village, où un feu très-vif s'engagea ; une autre colonne, commandée par le colonel Ceccopierri, se porta sur la route de Castellaro ; elle y mena tambour battant les avant-postes ennemis, et prit possession de ce bourg. Le colonel Paolucci déboucha en même temps de Governolo, avec quelques troupes, et poursuivit le corps qu'il rencontra, jusqu'à Ostiglia. Cette journée coûta cinq cents hommes à l'ennemi.

Le mouvement rétrograde du comte de Bellegarde avait eu pour but de se concentrer sous Verone, dans la crainte d'une attaque générale de notre part sur toute la ligne du Mincio, où il n'avait laissé que deux avant-gardes, l'une à Villafranca, et l'autre à Castel Nuovo. Il abandonna ses fortifications de Borghetto; peut-être aussi voulait-il attirer le vice-roi hors des lignes du Mincio, et le faire prendre à revers par l'armée napolitaine; mais celui-ci garda sa position.

Le 15 mars, la flottille autrichienne sur le lac de Garda, composée de huit barques canonnières, vint à la pointe du pont attaquer la nôtre, commandée par l'intrépide capitaine Tempié, près de Torri. Après deux heures d'un feu bien soutenu de part et d'autre, trois barques ennemies furent coulées bas ; les autres abandonnèrent la partie et se réfugièrent sous les batteries protectrices de Torri et des troupes de terre. Tempié fut grièvement blessé à la cuisse d'un coup de mitraille.

La fin de ce mois ne présenta aucun fait d'armes digne de remarque ; il n'y eut que quelques affaires partielles d'avant-postes ; les deux armées se tenaient en observation.

Déjà le vice-roi avait fait apporter à Mantoue tous ses effets précieux. Le palais royal de Milan se trouvait démeublé de tout ce que le prince avait pu regarder comme sa propriété. Le carosse même du sacre de Buonaparte avait été conduit à Mantoue ; d'innombrables caisses y avaient été apportées. La vice-reine, à la veille de ses couches, partit enfin elle-même le 29 mars de Milan, avec toute sa famille. Le départ de cette vertueuse et respectable princesse, fut un jour de deuil pour la capitale. Une tristesse générale s'y répandit, un silence morne et lugubre régnait dans toutes les familles ; les pauvres perdaient en elle une mère secourable, les infortunés, une généreuse protectrice; Milan, enfin, perdait un modèle de toutes les vertus royales et privées, qui y est si rare et si nécessaire. Son arrivée à Mantoue y fut, au contraire, un jour de fête bien attendrissant. Les personnes sensibles ne purent voir sans une vive émotion, une jeune princesse douée de toutes les qualités du cœur et de tous les charmes de la beauté, arriver dans une place de guerre remplie de troupes et menacée par une armée ennemie, pour y faire ses couches au bruit des armes et au milieu des combats. Cet exemple est peut-être unique dans l'histoire. L'amour conjugal l'emporta sur toutes les craintes, et la religion fut son soutien dans une circonstance si déplorable.

Dans la nuit du 30 au 31 mars, l'ennemi lança sur Gonzaga et Suzzana, un fort détachement d'éclaireurs. Le général Villata sortit de Borgoforte avec quelques bataillons, et lui fit rebrousser chemin avec perte de quarante hommes, deux officiers et un major.

Les quinze premiers jours d'avril se passèrent en rencontres d'avant-postes. L'ennemi, instruit des progrès des alliés en France, ne tentait plus rien d'important, afin d'épargner son monde, et pensant avec raison que notre armée suivrait la destinée des armées de France. La conduite du comte de Bellegarde fut très-louable en cette circonstance; il évita de faire repandre du sang inutilement. Le vice-roi était dans les mêmes sentimens, et bientôt il eut la nouvelle de l'abdication de Buonaparte, et du traité signé à Paris par les puissances alliées. Il fit demander une entrevue secrète à Bellegarde. Le 15, ils s'abouchèrent à quelques lieues de Mantoue, entre les avant-postes des deux partis, et accompagnés seulement d'une petite escorte. Le lendemain ils envoyèrent mutuellement des commissaires au château de Schiarino Rizzino, pour rédiger une convention militaire. Le vice-roi chargea de cette mission le général Dode de la Brunerie, chef du génie de l'armée française, et le général Zucchi, gouverneur de Mantoue. Le commissaire autrichien fut le lieutenant-général comte de Neipperg, commandant l'avant-garde de l'armée. Voici la teneur de ce qui fut arrêté entre eux :

« 1° A compter du jour où la présente convention sera signée, il y aura suspension d'armes entre les troupes françaises et italiennes, commandées par S. A. I. le prince vice-roi, et l'armée autrichienne, sous les ordres du maréchal comte de Bellegarde, et les troupes du roi de Naples, ainsi que celles anglaises, sous les ordres du général Bentinck.

« 2° Cet armistice durera huit jours, après lesquels les troupes françaises auront dû dépasser les territoires occupés par les armées alliées en France, dans la direction de route qui leur aura été assignée.

« 3° Les troupes françaises faisant partie de l'armée du vice-roi, rentreront dans les frontières de l'ancienne France, au-delà des Alpes.

« 4° Si, deux jours après l'échange des ratifications de la présente convention, les troupes françaises ne reçoivent pas des ordres de leur gouvernement, elles commenceront sur le champ leur mouvement pour rentrer en France par division ou par brigade, selon que les localités le permettront, en marchant par journées d'étapes et avec séjours ordinaires.

« 5° Les colonnes de l'armée française se porteront à Turin par les routes d'étapes qui leur seront fixées sur la rive gauche du Pô, même pour celles qui se trouveraient à Plaisance ; elles seront précédées par des commissaires et des officiers de l'état-major autrichien, qui s'assureront à l'avance si les routes du mont Genêve et du col de Tende sont praticables dans la saison actuelle. Dans ce cas, elles seront suivies par l'armée française, dans le cas contraire, cette armée passera par le mont Cénis et la Savoie, conformément aux stipulations de l'art. 2, et les commissaires seront chargés de régler leur marche en tout ce qui concerne les subsistances, moyens de transport et logemens, conformément aux réglemens militaires.

« 6° Les troupes italiennes commandées par le prince vice-roi, continueront à occuper toute la partie du royaume d'Italie et les places qui s'y trouvent, et qui n'ont pas encore été occupées par les troupes des puissances alliées.

« 7° Les troupes autrichiennes pourront traverser le royaume d'Italie par les routes d'étape de Crémone et Brescia, sans passer par la capitale du royaume.

« Leur mouvement ne pourra commencer que dix jours après que les troupes françaises se seront mises en marche pour rentrer en France.

« Des commissaires italiens accompagneront les corps autrichiens sur le territoire du royaume d'Italie, pour leur faire fournir les logemens, vivres, fourrages et moyens de transport, sans qu'ils puissent exiger autre chose.

« 8° Une députation du royaume d'Italie aura la liberté de se rendre au quartier-général des alliés; et dans le cas où la réponse qu'elle aura obtenue ne serait pas de nature à tout concilier, les hostilités ne pourront cependant recommencer entre les troupes alliées et celles du royaume d'Italie, que quinze jours après le retour de la réponse des puissances alliées.

« 9° Les places d'Osopo, de Palma Nova, de Vénise et de Legnago, et les forts qui en dépendent, seront remis dans leur état actuel à l'armée autrichienne, aussitôt après la ratification de la présente convention.

« Cette remise aura lieu dans les formes usitées, le 20 du présent mois.

« 10° Les garnisons de ces places sortiront avec tous les honneurs de la guerre, armes et bagages, caisses militaires, effets d'habillement, artillerie de campagne, caissons, papiers relatifs à l'administration, etc.

« Les officiers du génie et de l'artillerie de ces places, remettront aux officiers autrichiens nommés à cet effet, tous les papiers, plans et inventaires du génie et de l'artillerie dépendans de ces places.

« 11° Toutes les autorités civiles, administratives et judiciaires qui désireront suivre le sort des garnisons, seront libres de sortir, en emportant avec elles tous leurs effets et papiers relatifs à leur service; elles remettront à leur départ, aux autorités autrichiennes, tous les papiers, documens et archives concernant les fonctions dont elles étaient chargées.

« 12° Les troupes françaises qui se trouvent dans les places, suivront le sort de l'armée française en Italie, et les troupes italiennes, celui de l'armée de ce royaume.

« 13° Dans le cas où quelques-unes des places ci-dessus mentionnées auraient capitulé avant l'échange de la présente convention, les capitulations seront strictement maintenues, mais leurs garnisons, tant françaises qu'italiennes, rentreront sans autre condition à leur armée respective.

« 14° Les troupes de ces quatre places traverseront, par journées d'étapes ordinaires, les territoires occupés par les armées autrichiennes, et il leur sera fourni les vivres, fourrages, logemens et moyens de transports nécessaires.

« 15° Il sera fait des conventions particulières entre les commandans respectifs desdites places et les généraux autrichiens commandant les blocus, pour le mode d'évacuation, ainsi que pour les malades et blessés qu'on laisserait dans les hôpitaux, et les moyens de transport à leur fournir.

« 16° Les officiers de l'état-major chargés d'accompagner les diverses colonnes de ces garnisons, veilleront à ce que les voitures fournies par le pays pour les transports, soient changées à chaque lieu d'étape. Les commandans des colonnes seront responsables de l'exécution de cet article, etc.

« 17° Des officiers d'état-major italiens et français seront de suite envoyés dans les diverses places, pour donner aux commandans respectifs connaissance du présent armistice, et leur porter l'ordre de se conformer à cette convention.

« 18° La présente convention militaire sera, en cas de ratification, échangée dans le plus court délai possible, etc.

« Fait au château de Schiarino Rizzino, en avant de Mantoue, le 16 avril 1816. »

(Suivent les signatures.)

Cette convention fut ratifiée le lendemain et échangée de suite par les commissaires respectifs. Le même jour elle fut notifiée à l'ordre à l'armée franco-italienne, et elle y causa un sourd mécontentement parmi ces vieilles bandes, qui se voyaient avec peine forcées, sans combattre, à une capitulation qui leur faisait abandonner un pays conquis depuis près de vingt ans, théâtre de nos plus brillantes victoires.

Le mécontentement fut plus marqué encore parmi les troupes italiennes, qui prévoyaient bien qu'elles passeraient sous un joug étranger qu'elles haïssaient, d'autant plus que le vice-roi n'avait rien stipulé sur leur sort futur, ne réfléchissant point que la capitulation ne concernait que l'armée française.

Les puissances alliées étaient déjà maîtresses de Paris, et les Bourbons remontaient paisiblement sur le trône de leurs ancêtres. Le lis brillait sur toutes les têtes, l'amour pour des princes légitimes et bons brûlait dans le cœur de tous les Françisa. Le prince vice-roi d'Italie était très-inquiet sur sa future destinée. Sa mère, qui était à Paris, s'était concilié par son esprit et son extrême amabilité, la considération des princes alliés, et notamment de l'empereur Alexandre. Elle n'oubliait point Eugène, dont la conduite franche et loyale lui avait acquis l'estime de tous les partis, et qui avait si bien justifié jusqu'alors sa devise : *Honneur et fidélité.*

On prétend que l'empereur de Russie, vivement sollicité par Joséphine en faveur d'Eugène, s'était laissé aller jusqu'à lui dire, comme par complaisance, et d'une manière un peu vague, que si les Italiens demandaient Eugène pour leur roi, il ferait en sorte de décider les autres souverains, ses alliés, à le reconnaître pour tel, en conservant l'indépendance du royaume d'Italie : aussitôt Joséphine expédia de Paris à Mantoue un chambellan de confiance pour faire part à son fils de ces dispositions, et l'engager à en profiter promptement. Ce chambellan arriva près du vice-roi vers la fin de décembre. Eugène ne put contenir sa joie et garder son secret. Plein de confiance, comme un jeune homme, il se mit à concerter avec ses confidens les manœuvres qui pourraient le plus efficacement faire réaliser ses espérances. On ne trouva rien de mieux que de faire voter l'armée dans l'esprit de la nouvelle qu'on avait reçue, et de faire demander par le sénat, aux alliés, qu'Eugène eût le royaume d'Italie.

Tous les officiers italiens furent en conséquence excités par leur chef à aller signer une adresse en ce sens aux puissances alliées. Eugène faisait acheter à Milan, chez le bijoutier Manini, toutes les boîtes d'or et autres bijoux qui pouvaient être agréables à des militaires. Il ne pouvait y en avoir pour tous, mais on comptait y suppléer avec des pièces d'or. Quelques-uns firent ce qu'il fallait pour avoir ces dons; mais beaucoup s'y refusèrent; et la proclamation suivante, que le vice-roi fit dans le même temps, n'eut qu'un bien médiocre effet pour lui dans l'armée. Ailleurs elle en produisit un qui ne lui fut pas favorable, parce qu'elle trahissait trop les vues de son ambition.

« Soldats français,

« De longs malheurs ont pesé sur notre patrie. La France cherchant un remède à ses maux, s'est replacée sous son antique égide. Le sentiment de toutes ses souffrances s'efface déjà pour elle, dans l'espoir du repos si nécessaire après tant d'agitations.

« En apprenant la nouvelle de ces grands changemens, votre premier regard s'est porté vers cette mère chérie qui vous rappelle dans son sein. Soldats français! vous allez reprendre le chemin de vos foyers; il m'eût été bien doux de pouvoir vous y ramener. Dans d'autres circonstances, je n'eusse cédé à personne le soin de conduire au terme du repos, les braves qui ont suivi avec un dévoûment si noble et si constant, les sentiers de la gloire et de l'honneur. Mais en me séparant de vous, d'autres devoirs me restent à remplir.

« *Un peuple bon, généreux et fidèle, reclame le reste d'une existence qui lui est consacrée depuis plus de dix ans. Je ne prétends plus disposer de moi-même, tant que je pourrai m'occuper de son bonheur, qui a été et sera l'ouvrage de toute ma vie.*

« Soldats français! *en restant au milieu*

de ce peuple, soyez certains que je n'oublierai jamais la confiance que vous m'avez témoignée au milieu des dangers ainsi que dans les circonstances politiques les plus épineuses : mon attachement et ma reconnaissance vous suivront par-tout, comme l'estime et l'affection du peuple italien. »

L'armée française fut censée répondre à la proclamation du vice-roi, par une adresse ainsi conçue :

« Monseigneur,

« L'armée française, avant de se mettre en marche pour rentrer dans le sein de sa patrie, se fait un devoir de déposer aux pieds de V. A. I., les sentimens de reconnaissance et de vénération dont elle est pénétrée envers votre auguste personne.

« L'armée d'Italie se glorifiera toujours de son chef. Avoir servi sous V. A. I., est devenu un titre d'honneur. Puissiez-vous jouir de la félicité et de la gloire que vous méritez, par vos belles et nobles qualités ! Tel est le vœu de l'armée entière, qui les sut apprécier en tant d'occasions, et qui en conservera à jamais la reconnaissance. »

Cette adresse était souscrite par les généraux Grenier, Verdier, Vignolles, Marcognet, Danthouart, Fressinet, Quesnel, Rouger, Mermet, Saint-Laurent et Dode.

En même temps, le vice-roi se servait de M. de Melzi d'Eril, archi-chancelier, président du sénat, pour engager ce corps à demander solennellement aux alliés qu'Eugène eût le royaume d'Italie. Il écrivit pour cet effet à Melzi, qui d'abord parvint, sans communiquer le dessein en entier, à faire envoyer une députation choisie du sénat au vice-roi, à Mantoue. Le secrétaire de cabinet Méjan en fut expédié secrètement à Milan, pour se concerter avec Melzi sur ce qu'il y avait à faire dans les circonstances actuelles. Il fut alors convenu dans le conseil des ministres et de quelques sénateurs, que la députation qui se rendrait à Paris, demanderait aux puissances alliées, au nom du sénat et du peuple italiens, que le prince Eugène fût reconnu roi d'Italie. On verra toùt à l'heure comment Melzi, qui, dans les occasions difficiles, avait toujours pour échappatoire la goutte, à laquelle il était sujet, se tira de cette critique circonstance.

Elle l'était d'autant plus, qu'une sourde fermentation agitait les esprits dans la capitale. Depuis long-temps des partisans de l'Autriche y travaillaient l'opinion, en profitant habilement de l'exaspération publique contre trois ou quatre Français qui étaient auprès du vice-roi, et sur-tout contre son secrétaire Darnai, lequel, au mépris de la constitution du royaume d'Italie, avait été nommé directeur-général des postes. La police rustique et impudente qu'il exerçait sur la correspondance, en retenant même les lettres des négocians, ce qui portait le plus grand préjudice à leurs affaires, porta l'indignation à son comble, d'autant plus qu'il y eut des lettres de change en souffrance, et même des paquets chargés égarés dans les bureaux.

D'un autre côté, les Milanais, qui sont peut-être les peuples de l'Europe qui ont le plus d'inclination pour les étrangers, et regardent même comme tels tous ceux qui ne sont point nés sur leur territoire, étaient jaloux contre les Français, dont un grand nombre occupait des emplois dans l'armée, dans les bureaux des ministres et dans les administrations civiles et militaires. La noblesse sur-tout et les gens riches voyaient avec dépit les ministères occupés, de même que plusieurs charges à la cour, au sénat, au conseil d'état, par des Modénois dont la révolution seule avait fait la fortune.

Les succès des alliés en France enhardirent ces mécontens, et de toutes parts on vit des meneurs s'agiter en tous sens pour accélérer l'accomplissement de leurs espérances. Le général polonais Dembrowski, renvoyé du service de France dans la campagne de Moscou, pour une conduite peu militaire; le général Pino, jaloux de n'avoir pas été fait ministre de la guerre au lieu de Fontanelli, et un littérateur étranger, parasite assidu à la table des ministres, étaient les apôtres les plus chauds d'une révolution où ils ne pouvaient guère trouver que le plaisir de la vengeance.

Le 17 avril, Melzi, duc de Lodi, chancelier-garde-des-sceaux de la couronne d'Italie, se disant retenu chez lui par la goutte, envoya le message suivant au sénat :

« Sénateurs, les nouvelles que nous recevons chaque jour de la France, sont d'une nature telle, que le sénat du royaume d'Italie se rendrait infailliblement coupable envers la patrie, s'il différait plus long-temps de s'occuper du sort de ce pays, et de chercher dans sa sagesse les moyens les plus propres à lui conserver son existence.

« Un accès de goutte qui m'a attaqué cette nuit, est la cause, messieurs, que je ne puis me rendre aujourd'hui en personne au milieu de vous, ainsi que je me l'étais proposé : c'est un grand déplaisir pour moi dans la circonstance actuelle.

« Mais tous les instans sont si précieux, que je n'ai pas cru devoir différer plus long-temps la communication que j'avais à vous faire; en conséquence, autorisé, en ma qualité de représentant de l'État, vu l'absence de S. A. I. le prince vice-roi, je vous adresse un projet de résolution, que je soumets à votre patriotisme et à vos lumières, et sur lequel j'invoque une prompte délibération de votre part.

« Les sentimens dont vous êtes tous animés, me garantissent déjà, messieurs, que votre résolution sera conforme aux vrais intérêts de l'État, et aux vœux du peuple dont vous êtes le premier corps représentant. Agréez, etc. »

L'assemblée du sénat, quoique convoquée secrètement, et le soir, fut connue de toute la ville; on parlait avec assurance de ce qui en était le sujet; elle délibérait à l'heure même où tout le monde était au spectacle. Le théâtre s'agite; on est sur le point d'en partir pour aller avec violence disperser le sénat. Il l'apprit; et les sénateurs se retirèrent alors avec prudence.

Au message du duc de Lodi, étaient joints un tableau assez satisfaisant de la situation du royaume, et un projet de décret pour autoriser une députation à demander, *par l'organe de S. M. l'empereur d'Autriche,* aux puissances alliées :

La cessation absolue des hostilités en Italie ;

L'indépendance et l'intégrité du royaume Lombard ;

Et le prince Eugène pour roi.

Les menées et les cabales ne furent point négligées pour faire adopter sur le champ ce projet de décret. La majeure partie du sénat fit décider seulement qu'il serait nommé une commission de sept membres, pour aller prendre de plus grands éclaircissemens auprès du duc de Lodi, M. de Melzi, et qu'elle en ferait son rapport. Cela fut exécuté ; et d'après ce qu'elle dit à son retour, on adopta la proposition d'envoyer une députation qui se bornerait à demander les deux premiers objets, savoir : la cessation des hostilités et l'indépendance du royaume. Le troisième point, qui déjà mettait la ville en rumeur, c'est-à-dire la demande du vice-roi pour souverain, fut rejeté. Voici le projet qu'avait envoyé le duc de Lodi :

« Le sénat du royaume d'Italie,

« Considérant que les circonstances politiques de l'Europe sont entièrement changées; que les puissances alliées ont proclamé solennellement la paix du monde, et qu'on ne pourrait, sans injustice, craindre qu'elles voulussent excepter de leurs intentions bienfaisantes un royaume qui, loin de leur avoir donné aucun motif de mécontentement, professe pour elles les sentimens qui leur sont dus;

« Que le moment est venu, où le royaume d'Italie peut et doit solliciter l'indépendance dont il est digne, et après laquelle il soupire depuis long-temps;

« Que, néanmoins, les troupes de l'une des hautes-puissances occupent une partie de ce royaume, et menacent en ce moment d'envahir le reste de son territoire;

« Que la puissance à laquelle appartiennent ces troupes, est précisément celle sur la bienveillance de qui le royaume d'Italie est accoutumé, et aime le plus à compter; enfin, que dans l'état actuel des choses, la continuation de la guerre sur notre territoire, serait sans but, et ne ferait qu'accroître les calamités qui depuis long-temps l'affligent;

Décrète :

ART. 1er. « Une députation du sénat se rendra sans retard auprès de S. M. l'empereur d'Autriche, afin de lui présenter les hommages du sénat, et de le supplier d'ordonner que dès ce moment toutes les hostilités cessent sur le territoire italien, jusqu'à ce que le sort de ce royaume soit définitivement établi par les puissances coalisées.

2. « S. M. l'empereur d'Autriche sera également suppliée de vouloir bien interposer sa médiation puissante auprès de ses augustes alliés, pour que l'indépendance du royaume soit finalement consacrée et reconnue, et qu'il soit admis à jouir des bienfaits que les hautes-puissances ont le dessein de répandre sur la grande famille.

3. « Que S. M. sera également suppliée de concourir, avec ses augustes alliés, à ce que le royaume d'Italie, après avoir reçu dans toute leur extension les 1er et 2e statuts

constitutionnels, soit soumis une fois à un roi libre et indépendant, et notamment au prince Eugène, qui, par ses vertus, ses lumières et sa conduite honorable, soit dans la paix, soit dans la guerre, a mérité l'amour, la reconnaissance et la fidélité des peuples du royaume d'Italie, et l'estime même de l'Europe entière.

« Fait et délibéré, etc. »

Voici maintenant ce qui fut arrêté dans l'assemblée du sénat :

« Le sénat, rassemblé au nombre prescrit par l'art. 29 du 6e statut constitutionnel, vu l'exposition du chancelier-garde-des-sceaux de la couronne, sur les circonstances actuelles et sur la nécessité d'y pourvoir au plutôt ;

« Considérant que les hautes-puissances alliées ont proclamé la paix du monde, et que l'époque arrive où les peuples de l'Europe, après tant de vicissitudes douloureuses, pourront jouir des bienfaits insignes des constitutions libérales ;

« Que, dans de semblables circonstances,

la continuation de la guerre sur le territoire italien, n'a plus aucun but, et que ce royaume peut et doit solliciter son indépendance, et jouir enfin de la paix après laquelle il soupire depuis si long-temps, et que les traités publics lui garantissent;

« Que, dans une convention entre l'armée du royaume d'Italie et celle des hautes-puissances alliées, il a été établi une suspension d'armes provisoire qui doit durer jusqu'au retour d'une députation du royaume auprès desdites puissances, etc., etc.;

« Décrète :

Art. 1er. « Une députation du sénat, composée de trois membres, se rendra auprès des puissances coalisées, pour leur présenter les hommages respectueux du sénat, et les supplier de faire cesser définitivement les hostilités.

2. « La députation demandera aux puissances que le royaume d'Italie soit admis à la jouissance de son indépendance, garantie par les traités publics.

3. « Les députés seront chargés de pré-

senter à cette occasion aux hautes-puissances, les sentimens d'admiration que le sénat professe pour les vertus du prince vice-roi, et de reconnaissance pour sa bonne administration.

4. « Les membres de cette députation seront nommés par le sénat, séance tenante.

5. « Le chancelier-garde-des-sceaux de la couronne est prié de leur donner les instructions nécessaires, et de leur procurer les lettres de créance et les passeports pour leur voyage.

6. « Le présent décret sera expédié au chancelier-garde-des-sceaux, avec un message du président, pour qu'il le transmette aussi au prince vice-roi au nom du sénat. »

Signé Veneri, président.

Lamberti et Mengotti, secrétaires.

Milan, 17 avril 1814.

La nomination des députés ayant été mise aux voix, les sénateurs Guicciardi, Castiglioni et Testi furent choisis. Ce dernier prétexta une indisposition pour ne point partir.

Le duc de Lodi donna aux députés les instructions ci-après :

« Le royaume d'Italie n'ayant en ce moment aucune correspondance avec les cours de Russie et de Prusse, et étant impossible de délivrer des lettres de créances dans les formes ordinaires, on a suppléé, en ce cas, par une lettre de créance pour le prince de Metternich, ministre d'Etat de S. M. l'empereur d'Autriche.

« Messieurs les deputés se rendront à Mantoue, pour recevoir du prince vice-roi les passeports et lettres de créances près des autres souverains alliés. Ils se présenteront à M. le comte de Metternich, à qui ils demanderont d'être admis auprès de S. M. l'empereur d'Autriche, et ensuite auprès des autres souverains alliés.

« Messieurs les députés prieront S. M. l'empereur d'Autriche de vouloir bien ordonner la cessation entière et absolue des hostilités sur le territoire du royaume d'Italie.

« Ils insisteront près de ce souverain,

pour que l'on consacre l'indépendance du royaume d'Italie, l'intégrité de son territoire ayant déjà été reconnue et garantie par les traités, et spécialement par celui de Lunéville.

« Dans le cas où messieurs les députés s'apercevraient qu'il existât des difficultés sur ce point, si les alliés avaient disposé du territoire de Modène, ils feront observer tous les inconvéniens qui résulteraient de la distraction de cet état, ce qui priverait le royaume de communications avec les légations, vu que les routes du Ferrarais sont impraticables pendant une grande partie de l'année, et jetterait la confusion dans l'état de Modène, déjà réuni au royaume par le traité de Lunéville, et accoutumé aux lois et aux méthodes du royaume; de manière qu'il serait bien plus convenable à l'intérêt des hautes-puissances, d'en établir des compensations dans un autre état.

« Si messieurs les députés trouvaient ce point insurmontable, ils insisteront pour qu'on accorde au royaume d'Italie une compensation, telle que les états de Parme et de

Plaisance, avec une portion du Genovesat, y compris la ville de Gênes, et une lisière du Piémont pour faciliter les communications.

« Les députés ne manqueront pas de faire sentir que l'un des premiers objets que la nation se propose en demandant la reconnaissance solennelle de son indépendance, est de se donner une constitution conforme aux vrais principes et à ses besoins naturels, et capable d'assurer sa félicité.

« Les députés insisteront pour que l'état de l'Italie conserve, sous les formes susdites, le titre de royaume, comme il a été reconnu tel par toutes les puissances, et qu'il n'a pas mérité de perdre.

« Les députés chercheront avec prudence à se mettre en rapport avec les ministres du royaume à Paris, pour profiter de leurs lumières et de leurs renseignemens. Enfin, dans tous les cas non prévus, ils se conduiront d'après leur sagesse et leur prudence. »

Signé, etc., etc.

Il semblait, d'après ces mesures, que

la noblesse milanaise dût être satisfaite de la contenance pleine de dignité du sénat, et de la délibération de ce corps. Et si la volonté générale des Milanais paraissait être de ne point demander Eugène pour roi, le sénat avait été du même avis.

Tout le monde savait que, dans la députation relative à la capitulation avec le feld-maréchal comte de Bellegarde, les intrigues pour la nomination des comtes Prina et Paradisi, ardens partisans d'Eugène, avaient été déjouées, et que le choix était tombé sur le comte Guicciardi, l'un des premiers hommes d'état du royaume, qui le premier avait fortement combattu le projet du duc de Lodi, et sur le comte Castiglioni, Milanais, dont le nom seul justifiait la nomination. Mais le projet des révolutionnaires était de ne renverser le gouvernement existant, que pour s'ériger en peuple souverain, traiter en cette qualité avec les premiers potentats de la terre, et fixer eux-mêmes les destinées futures du royaume. Ce projet fut mûri et arrêté dans un club où les premières familles de Milan avaient des agens, et de là répandu adroitement par des émissaires, dans toutes les classes de la population. L'adresse suivante, rédigée le 19 avril, souscrite par un grand nombre de citoyens, et adressée par le maire au président du sénat, en est une preuve assez claire; la voici:

« D'après la convocation du sénat du 16 courant, dont la délibération n'a pas été rendue publique, on pense généralement qu'il y a été fait, discuté et arrêté une proposition sur une affaire de la plus grande importance pour notre royaume. Si, dans les évènemens extraordinaires et actuels, il est nécessaire de recourir à des moyens de même extraordinaires, les soussignés croient indispensable, d'après les principes de la constitution, que les colléges électoraux soient convoqués, car c'est chez eux que réside la représentation légitime de la nation. »

Signé: le comte Pino, général de division, électeur; le comte Louis Porro, électeur; le comte Jacques Trivulzio, électeur; le comte Frédéric Gonfallonieri; le comte Frédéric Fagnani, conseiller d'état; le comte Gilbert Borroméo; Jacques Ciani, électeur; Louis Fossano; Joseph Pallavicini; Jean Traversi, électeur; Visconti de Crémone, chef de bataillon; Jacques Melzi, conseiller communal; J. B. Serbelloni; Ferdinand Crivelli, électeur; Alphonse Castiglione, conseiller communal; le comte Durini, maire de Milan; César Giuliani, officier municipal; Jean Tistani, officier municipal; Alex. Bolognini, officier municipal; Charles Londonio, officier municipal; César Brambilla, officier municipal; Marc Arèse, officier municipal ; Annibal Visconti, colonel de la garde nationale; Jean Cozzi, propriétaire ; Charles Parca, ingénieur; Louis Ponti, conseiller communal; Gaëtan Vigoni, propriétaire; Jean Odard Peceis; Sigismond Trecchi, propriétaire; Sigismond Silva; Hercule Silva, électeur; Alex. Sormani; Laurent Sormani; Jos. Sormani ; Charles Borroméo, propriétaire; Ange Serpenti, propriétaire; Artivio Somaglia, électeur; Charles Somaglia, propriétaire; Ambroise Agretti; Ignace

Manzi ; Jean-Luc Somaglia, président du
conseil communal ; Louis Cardoni ; Louis
Spella ; Charles Carli, conseiller communal ; Pompée Acerbi, propriétaire ; Maurice Bernardino ; Ambroise Mori ; Christophe Rivolta ; Benoît Volpi Caneriggi ;
Castiglioni, avocat ; Gaëtan Vitali, propriétaire ; Rodolphe Rœsini, propriétaire ;
J. B. Maggiasca, propriétaire ; Charles
Rosmini, de l'Institut ; Louis Bolognini,
juge ; Antoine Gentili ; Jacques Mellerio,
conseiller communal ; Jean Maurice An-
dréani, électeur ; Louis Cagnola, de l'Institut ; Charles Monteggia ; Pierre Mojana ;
Charles Eulbrucca ; Pierre Spreaficò ; Bal-
dassar Manara ; Charles Ferrario ; Ange
Pizzagalli ; François Scotti Gallerati ;
Constant Scotti Gallerati ; Ignace Crivelli ;
Charles Zannella, électeur ; Laurent
Trotti ; Louis Perego, électeur ; Pierre
Balabbio, électeur ; Charles Besana, élec-
teur ; Charles Porta ; Viscard Barbo ; Jean
Soresi, électeur ; Gabriel Appiani ; Louis
Giovio ; François Martini ; Jérôme Seve-
rini ; Ambroise Nava ; Jules Ottolini ;

conseiller communal; Jean Monticelli; Joseph Mesmer Crivelli; Charles Zanella; Antoine Greppi; Jean Ciccogna; Charles Vestarini Belingeri; Prosper Frecarelli; Bénigne Bossi; Pierre Medici; Dominique Bonnet; François Tagliabue; Louis-Philippe Zenghi; César Castelbarco; Pierre Carianda; Jérôme Ghirlanda; Alex. Manzoni; Antoine Crespi; Charles Castiglioni; Joseph Cantù; Ferdinand d'Adda, conseiller communal; Joseph Melzi; Octave Mazzoni; Jean Bazzoni; J. B. Monticelli-Strada; Jules Prevosti; Charles Villa, conseiller communal; Jean Decapitani; Louis Nazzari Decarli, électeur; François Crevenna; Augustin de Agostini; Jérôme Sacchini; Louis Carozzi; Camille Guerrini; Charles Corio; François Bossi; Baldassar de Simoni; Abel Meloni; Antoine Sagri; Galeas Bozzi; Charles Barinetti; Antoine Busca, etc. etc.

La police n'ignorait point ces menées de la noblesse, et il est bien inconcevable que le vice-roi n'en fût point instruit; autrement il y aurait mis ordre en envoyant quelques troupes dans la capitale, où il ne se trouvait que quelques conscrits et de la gendarmerie.

La proclamation du prince à l'armée française fut connue à Milan le 19 au soir; elle y causa un étonnement universel, et tout le monde disait : « Il faut que le vice-roi ait été nommé roi d'Italie par les puissances alliées, puisqu'il annonce avec tant d'assurance, *qu'il ne peut plus disposer de lui-même, et qu'il va consacrer le reste de son existence à un peuple dont le bonheur a été l'ouvrage de toute sa vie;* dans le cas contraire, c'est un trait inouï de témérité et d'inconséquence. » Les esprits s'échauffèrent bien plus encore : on ne s'arrêta point à la première idée; personne ne fut la dupe de cette imposture qui était, à ce que l'on prétend, l'ouvrage de deux ou trois Français qui entouraient le vice-roi, et auquel les crédules espérances de son ambition le portèrent aisément à mettre sa signature.

Les affidés de l'Autriche avaient fait connaître les dispositions de la cour de Vienne relativement à l'Italie; et un grand nombre d'anciennes familles nobles, attachées à cette cour, désiraient ardemment le retour de l'ancien ordre des choses.

Le 20 avril, le sénat se rassembla, et au lieu d'y mettre la garde ordinaire, le commandant de place n'y envoya que huit à dix conscrits, avec le capitaine Marini, adjudant de place, qui dit avoir été envoyé pour obvier à quelque désordre que l'on craignait. La journée était sombre, et quelques gouttes de pluie tombaient de temps à autre. Vers une heure après-midi, on vit se réunir devant le palais du sénat une grande foule de gens, parmi lesquels étaient beaucoup de personnages nobles, décorés, et employés à la cour. Nous y aperçûmes notamment le comte Frédéric Gonfalonieri, dont l'épouse était dame du palais, très-favorisée du vice-roi ; les deux frères Cicogna, l'un chambellan, l'autre écuyer ; Ciani, aussi écuyer ; le comte Fagnani, chambellan et conseiller-d'état, divers officiers de la garde nationale en uniforme, tels que Benigne Bossi, capitaine, et plusieurs membres des plus illustres familles de Milan; les comtes Silva, Serbelloni, Durini, Castiglioni; des dames même distinguées, comme madame De'Capitani, qui donnait le bras à la marquise Opizzoni; des avocats et hommes de lois, tels que Pousani, et beaucoup d'autres personnes bien mises, portant des parapluies à la main, ce qui n'annonçait guère une révolte.

Près de la porte était un homme de haute stature (c'était, dit-on, un domestique du comte Castiglioni), muni d'une petite échelle, sur laquelle il montait à mesure qu'un sénateur entrait dans sa voiture, pour le reconnaître et le désigner à la multitude, qui applaudissait aux uns et huait et sifflait les autres, sur-tout ceux qui avaient paru adhérer, dans la séance du 17, au message du duc de Lodi : c'était du moins le prétexte dont se servaient les agitateurs et les meneurs de cette funeste journée. Le sénateur Paradi et le ministre Prina ne parurent point au sénat. On vit bientôt arriver une foule immense de peuple, parmi lequel nous remarquâmes des individus de mauvaise mine; c'étaient des hommes stipendiés, que l'on reconnut ensuite, quand on en eut arrêté quelques-uns. Vers le soir, le sénat se réunit dans la salle pour entendre la lecture du procès-verbal de la séance de la veille, et le signer. Avant de procéder à cette lecture et à l'appel nominal, tandis que la rumeur et les cris séditieux croissaient au-dehors, le président communiqua aux sénateurs la demande faite au maire par les principaux citoyens de la ville, de la convocation des colléges électoraux. Dans le même moment, l'adjudant de place Marini demanda et obtint la permission d'entrer dans la salle ; il y fut introduit par un huissier. Il exposa que les officiers de la garde nationale demandaient à défendre et à protéger le sénat. Le président y consentit, et en donna l'autorisation par écrit. Il était loin de soupçonner que c'était là la trahison la plus noire, la plus vile et la plus infâme que l'on préparait au premier corps représentatif du royaume, qui se livrait avec confiance entre les mains des citoyens les plus notables de la capitale, qui lui offraient secours et protection contre la violence.

Aussitôt une forte patrouille de la garde nationale appostée, accourt et chasse brusquement la garde de la porte d'entrée, et même celle qui était à la porte de la salle. Jusqu'alors personne n'avait osé pénétrer dans le palais : le seul comte Gonfalonieri, s'était mis en avant, et criait de toutes ses forces : « Nous voulons la convocation des colléges électoraux, et que l'on rappelle la députation du sénat. » Quoique l'adjudant Marini l'invitât à se présenter au sénat, auquel il pourrait manifester ses vœux, sans élever au milieu d'une place des cris séditieux, il refusa de le faire, sous prétexte qu'il n'avait aucun caractère représentatif, et il continua ses clameurs.

A peine la garde nationale se fut-elle emparée des portes du sénat, que la foule s'y précipita librement et sans obstacle. Les sénateurs Verri, Massari et Felici se présentèrent plusieurs fois pour haranguer le peuple. Leur voix fut étouffée par les cris confus qui s'élevaient de toutes parts. On entendait néanmoins assez distinctement dire en patois milanais, au sujet d'Eugène Beauharnais : « Nous n'en voulons point. » *No se le veul mig.* Un écrit anonyme fut jeté dans la salle ; il s'exprimait ainsi :

« L'Espagne et l'Allemagne ont secoué le joug infâme des Français : l'Italie suivra un si noble exemple. »

La multitude se tenait dans la grande cour, et personne n'osait monter le grand escalier qui conduit à la salle du sénat ; mais les gardes civiques l'excitèrent, et bientôt le portique contigu à cette salle fut plein de monde ; enfin le sénat fit demander ce qu'on exigeait des sénateurs. Les officiers de la garde nationale, et entr'autres le chef de bataillon Ballabio, étaient entrés dans la salle ; ils étaient pâles et avaient la physionomie altérée, comme des hommes non accoutumés à de pareilles entreprises. Le capitaine Bossi s'écria que l'on demandait le rappel de la députation et la convocation des colléges électoraux. Le président, sur les insinuations de quelques sénateurs, et sans délibération préalable, écrivit ces mots sur une feuille de papier :

« Le sénat rappellera sa députation et réunira les colléges électoraux.» Le capitaine Bossi sort de la salle avec cette pièce, et rentre en s'écriant que l'intention du peuple est que le sénat déclare sa séance levée.

Le président écrit sur une autre feuille :

« Le sénat rappellera sa députation, réunira les colléges, et lève sa séance. »

Aussitôt on en fit plus de trente copies, que l'on distribua à la foule. Cependant le tumulte, au lieu de cesser, augmentait; les sénateurs sortirent par une autre porte, et la foule se précipita dans la salle. Le comte Gonfalonieri s'élança le premier vers le portrait de Napoléon, qu'il mit en pièces à coups de parapluie; et il commença à jeter par la fenêtre les meubles de la salle. Son exemple fut bientôt suivi par le peuple ; et dans un instant, tout le sénat, excepté le secrétariat et l'appartement du chancelier, fut dévalisé et mis au pillage. Les portes, et même les volets, furent jetés par les fenêtres. Quelques sénateurs furent accueillis par des huées, mais aucun ne fut maltraité. C'était Prina que l'on cherchait.

De-là, le peuple, animé par les factieux, court à l'hôtel de ce ministre des finances. Cet homme, Piémontais d'origine, anciennement avocat à Novarre, avait jadis exercé un emploi dans les finances du Piémont; mais sa dureté l'y avait fait tellement haïr, qu'il avait dû se soustraire par la fuite à la vindicte publique. Depuis long-temps il avait été choisi par Buonaparte pour le ministère des finances du royaume d'Italie; c'était l'homme qu'il lui fallait; car tout son art consistait à bien remplir le trésor royal, par tous les moyens que la cupidité et le raffinement financier peuvent imaginer, d'autant plus qu'il en absorbait toujours quelque portion en forme de gratification. Il était très-riche, et entretenait à grands frais une courtisanne d'une naissance assez distinguée. Prina avait les manières les plus rustiques et les plus repoussantes à l'égard de ceux qui étaient dans le cas de réclamer quelque chose auprès de lui. Intraitable lorsqu'il s'agissait du recouvrement des deniers publics, il avait pour maxime de ne payer les dettes du gouvernement qu'à la dernière extrémité. Le mépris marqué qu'il ne cessait de témoigner aux Milanais, lui avait aussi attiré leur haine. On savait qu'il avait depuis long-temps résolu de quitter Milan et le royaume, car depuis le commencement de mars il avait vendu tous ses meubles et effets, afin d'être prêt à partir à l'arrivée des Autrichiens.

Depuis plusieurs jours, un de ses cousins, qui avait entendu dans divers cercles les propos qu'on tenait contre lui, voulait l'emmener avec lui à Paris. Prina lui répondait toujours qu'il ne craignait point les Milanais, et qu'il les regardait comme un peuple lâche, trop mou et trop vil pour oser attenter à sa vie. Ne serait-on pas tenté, d'après ce fait, d'admettre la prédestination du mahométan, qui croit fermement que nul ne peut se soustraire à la destinée que le ciel lui a fixée?

Il était trois heures; Prina était chez lui; plusieurs de ses amis accoururent pour le prévenir du danger imminent dont il était menacé. Il le vit, mais il était trop tard pour s'y soustraire. Déjà la place de San-Fedele était pleine de peuple et de gens effrénés, dont les hurlemens et les cris de mort semaient partout l'épouvante et la terreur. Les domestiques de l'hôtel s'étaient enfuis; les portes fermées sont enfoncées. En vain le général Peyri, revêtu de son uniforme, veut s'opposer à la violence ; on lui arrache ses boucles et sa chaîne de montre, on lui déchire son habit, et il est repoussé violemment. Mille personnes se précipitent dans l'hôtel; les meubles, les glaces et les vitres sont brisés ; tout vole par les fenêtres; on enlève, on arrache les rampes de fer, les tuyaux des pompes et des égouts, au milieu des cris les plus affreux. Cependant on ne trouvait point le ministre, objet de la fureur du peuple ; il était allé se cacher au sommet de la maison, où il se hâtait de prendre un déguisement. Tout à coup un bruit épouvantable se fait entendre dans les appartemens supérieurs. *Le voici !* criait-on, *le voici ! on le tient, l'infâme! le scélérat!* En effet, on l'arrache de son asile, on le traîne par le collet ; à demi vêtu de culottes et bas noirs, et d'un gilet à manches; on le jette par une fenêtre du premier étage. *A mort! à mort!* criaient les émissaires. On se précipite sur lui à coups de canne et de parapluie. Le malheureux, déjà demi mort et tout meurtri, parvient à se jeter dans la maison voisine, chez M. Blondel. Mais à peine est-il sous le portique, qu'on l'en arrache et qu'on l'entraîne dans la rue, jusque devant le théâtre della Scala. Là, quelques personnes compatissantes réussissent à le retirer tout sanglant des mains de ses bourreaux, et le jètent chez un marchand de vin dont ils ferment les portes. Hugues Foscolo, ancien militaire et littérateur, se met à la fenêtre de cette maison pour haranguer le peuple, et tâcher de l'apaiser; mais les cris et les hurlemens étouffent sa voix. On demande Prina, on menace de mettre le feu à la maison, on enfonce la porte, et on traîne la victime par les cheveux au milieu de la rue. En vain ce malheureux ministre, déjà tout sanglant et défiguré, conjure la populace de lui amener un ecclésiastique pour le préparer à la mort. On ne l'écoute plus, et cent coups de bâton l'étendent à terre. On le foule aux pieds, on lui attache une corde à une jambe, et des jeunes gens, et même *des enfans*, le traînent ainsi dans plusieurs rues de la ville, avec des hurlemens de Cannibales. Le supplice de cet homme dura plus de trois heures; enfin la populace, rassasiée de sang et fatiguée, entraîne ce cadavre réduit en lambeaux, et tout à fait méconnaissable, jusque dans la cour de l'Hôtel-de-Ville, où il est abandonné comme une bête morte dans une voierie. Peu après, le corps fut enlevé et emporté fugitivement dans le cimetière de la porte de Côme.

Durant cette expédition, la garde nationale faisait paisiblement des patrouilles en des rues éloignées de cette scène d'horreur; nous en vîmes une seule qui se trouvait à cinquante pas du marchand de vin où Prina s'était réfugié, et qui se tint plus de demi-heure tranquille sous des auvents de magasin, à l'abri d'une légère pluie qui tombait, sans s'inquiéter de ce qui se passait à ses côtés. Dix gendarmes au plus auraient suffi pour délivrer la victime des mains d'une populace qui n'avait ni armes à feu, ni armes blanches, ni couteaux, ni poignards, puisque des chirurgiens ont reconnu qu'aucune des plaies n'était mortelle, et que ce ministre infortuné était plutôt mort étouffé sous les pieds de ses bourreaux.

Dès que le palais du ministre eut été mis au sac, une partie du peuple courut à celui du vice-roi et à l'hôtel des postes, demandant à grands cris les têtes de M. Méjean, secrétaire du prince, et de Darnay, directeur général des postes, que l'on soupçonnait bien d'être venus à Milan pour exciter le sénat à envoyer une députation à Paris, afin d'avoir le prince Eugène pour roi d'Italie. Le premier passait pour être l'auteur de l'adresse à l'armée française. Heureusement ils ne se trouvaient point à Milan, car c'en était fait de leur vie. Le palais était menacé du pillage; mais le général Pino se montra enfin, et fit placer aux portes une forte garde et de l'artillerie, ce qui arrêta la fougue des pillards; peu à peu la foule se dissipa, et tout rentra dans l'ordre.

Le lendemain, dès le matin, le peuple, excité par l'appât du pillage de la veille, se porta en foule à la porte des magasins des douanes; mais comme le but des factieux avait été rempli, de fortes patrouilles de gardes nationales et de cavalerie survinrent et dissipèrent bientôt tous les attroupemens; on arrêta même plus de cinquante voleurs et assassins, armés de poignards et d'autres armes. Le peuple obligea Pino à faire retirer les canons du palais.

Le même jour, les colléges électoraux furent convoqués. On nomma une régence provisoire, composée des citoyens les plus notables. Le choix tomba sur les comtes Verri, Giulini, Litta, Borromeo, Mellerio, Bazetta et le général Pino, qui fut aussi chargé du commandement général de la force armée. Ce dernier avait fait volte-face au parti du vice-roi, pour jouer un nouveau rôle à Milan.

La régence, le maire, le général et le vicaire-général de l'archevêché, firent des proclamations pour inviter le peuple à la tranquillité. On abolit des impôts onéreux à la classe indigente, on en diminua d'autres. Mais ce fut l'activité de la garde nationale, qui s'était formée spontanément des gens honnêtes et des bons citoyens, qui contribua le plus à ramener l'ordre dans la ville. La cocarde blanche et rouge fut déclarée le signe national, et tout le monde l'arbora.

Ce qu'il y eut de remarquable dans ce soulèvement populaire, c'est qu'on ne laissa échapper aucune injure contre les Français en général, et qu'aucun individu de cette nation ne fut insulté.

Le vice-roi, informé de ce qui se passait à Milan, y envoya aussitôt le général Vignolles, chef de l'état-major de l'armée française, pour connaître au juste ce qui s'y passait. Ce général eut en effet quelques conférences avec Pino, dont il n'obtint que des raisons évasives et peu sincères; il vit plutôt par lui-même la situation des choses et l'état des esprits, et il retourna en rendre compte au prince.

Le 23 avril, les colléges électoraux furent convoqués; les membres principaux étaient :

Muggiasca, pour le département du Lario,
Vertova, *idem,* Serio,
Sommariva, *idem,* Haut-Pô,
Longo, *idem,* Mella,
Tarsis, *idem,* Agogna,
Peregalli, *idem,* Adda,
Giovio,
Broncalli,
Et Bellani.

Cette assemblée se trouva composée d'environ soixante-dix électeurs; elle approuva la régence provisoire, dont les membres étaient :

Pino, général, commandant la force armée,

Verri, président,

Borromeo, Litta, Giulini, Bazetta,

Et Pallavicini, secrétaire.

Ces deux puissances gouvernantes abolirent les constitutions du royaume, et le sénat; elles accordèrent en outre une amnistie aux conscrits déserteurs et réfractaires.

Le conseiller d'état Giovio, qui, peu de

jours auparavant, en sa qualité de commissaire du gouvernement, avait fait maintes proclamations à Côme, pour exciter le peuple de ce département à soutenir le gouvernement de Buonaparte par des contributions et des soldats, ce même homme, disons-nous, ouvrit la séance des colléges électoraux, par une sortie véhémente contre ce même gouvernement, et contre les Français. « Puissent, s'écria-t-il, puissent deux fois les Alpes entassées les unes sur les autres, nous séparer à jamais de cette nation, qui porta toujours le malheur et la désolation dans notre patrie ! »

Le résultat de cette séance fut que l'on demanderait aux puissances alliées : 1° l'indépendance absolue d'un nouvel état italien, avec une plus grande extension de confins, combinée selon la nouvelle balance politique de l'Europe ;

2° Une constitution libérale, qui serait faite par les colléges électoraux ;

3° Une représentation nationale ;

4° La liberté individuelle des citoyens, et celle des prisonniers de guerre italiens ;

5° Un gouvernement monarchique héréditaire, et un prince qui, par sa naissance, son origine et ses qualités, pût faire oublier les maux causés par l'*ancien*.

Des députés furent nommés pour porter ces vœux à Paris; ce furent MM.

Marc-Antoine Fé, de Brescia,
Gonfalonieri, de Milan,
Ciani,   *idem*,
Litta,   *idem*,
Ballabio,   *idem*,
Somaglia,   *idem*,
Serafino Sommi, de Crema,
Et Beccaria, secrétaire de la députation, qui partit le jour même de sa nomination.

Cependant les comtes Guicciardi et Castiglioni, députés du sénat, se trouvaient encore à Mantoue, où ils s'étaient rendus pour obtenir des passeports pour se rendre à Paris; ils demandèrent une audience au vice-roi, et là, accompagnés de quelques généraux italiens, ils reprochèrent à ce prince sa conduite envers les Italiens, et lui firent sentir le tort qu'il avait eu de les traiter avec une espèce de mépris marqué. Ainsi, pour la première fois seulement, la vérité parvint à ce jeune militaire étonné, qui vit se déchirer le bandeau de l'illusion, dont ses faux amis lui fascinaient les yeux. Ces députés revinrent aussitôt à Milan, après avoir pris assez froidement congé d'Eugène.

D'après l'état des choses, le vice-roi résolut de quitter l'armée italienne et de se rendre en Bavière avec sa famille. Déjà il avait fait venir ses effets de Milan ; il demanda encore quelques caissons chargés d'autres effets, qu'on laissa passer ; mais on en arrêta un plein d'argenterie, et sur-tout d'un beau couvert en vermeil, qui a ensuite été remis à l'empereur François Ier. Eugène conclut une seconde convention avec le comte de Bellegarde, par laquelle il lui remit Mantoue et tout le reste du royaume d'Italie.

Il comptait s'échapper à l'insu de l'armée, dont une partie n'avait pas reçu la solde depuis plusieurs mois ; mais la clandestinité était difficile avec tant de bagages et une nombreuse famille. Des grenadiers vinrent en députation demander la paie arriérée, appelant le prince *monsieur*. Embarrassé par cette visite, dont Darnay était témoin, Eugène, après s'être promené soucieux dans la chambre, tira de sa poche une poignée de pièces d'or, qu'il donna aux grenadiers. Ceux-ci, fort contens, s'en allèrent; et dès trois heures du matin, le 25 avril, Eugène descendit du palais de Mantoue, donnant le bras à la princesse Amélie, son épouse, à peine rétablie de ses couches. Le prince, en redingotte bleue, le chapeau enfoncé, avait un air fort triste et les larmes aux yeux; la princesse laissait apercevoir à travers son voile, la physionomie la plus souffrante et la plus abattue; le général Grenier les suivait, et il était tellement désespéré, qu'il mettait en pièces son mouchoir avec les dents.

Leurs altesses montèrent dans une voiture attelée de six chevaux; elles furent suivies d'une seconde où étaient leurs enfans. Dans une troisième était l'enfant nouveau né, avec la nourrice et des femmes de service; la quatrième contenait mesdames de Litta, de

Worms et autres dames; la cinquième des officiers de la cour; la sixième et la septième des gens de service, et quatre ou cinq autres étaient chargées de bagages. Quelques gardes d'honneur et dragons servaient d'escorte.

Un évènement qui pouvait être funeste, arrêta un moment le convoi. A peine la première voiture avait-elle passé le pont-levis qui est à la porte Saint-Georges, que la deuxième s'y présenta; les deux chevaux de devant, effarouchés par le bruit des bois du pont sur lequel ils passaient, s'emportèrent, et s'écartant de la route, ils se précipitèrent dans le fleuve du Mincio, qui en cet endroit est large et profond. Ils allaient entraîner avec eux la voiture, lorsqu'un militaire coupa heureusement les traits à coups de sabre, et sauva la jeune famille du vice-roi. Cet accident causa une épouvante affreuse au prince et à la princesse. Les chevaux et le postillon de volée furent sauvés. A peine le convoi eut-il franchi les dernières fortifications, que l'escorte italienne retourna à Mantoue, et fut remplacée par des hussards hongrois.

Des commissaires autrichiens étaient entrés à Mantoue la veille, déguisés en officiers français. A peine la cour fut-elle partie, qu'ils parurent au palais, laissant cependant aux gens de la cour le temps d'emballer le reste des effets jusqu'à neuf heures du matin. Ce fut un désordre et une dilapidation énormes. Les Juifs sur-tout pillèrent tout ce qu'ils purent emporter. A neuf heures précises, le palais fut fermé et les scellés apposés sur toutes les portes; en même-temps la cavalerie autrichienne, suivie d'un corps nombreux d'infanterie, vint occuper la ville.

Ainsi partit le vice-roi, jeune prince doué de quelques bonnes qualités, courageux comme un brave soldat, et d'une loyauté éprouvée; mais un peu léger, trop docile pour ceux qui flattaient ses goûts, n'ayant point assez étudié le caractère des peuples qu'il gouvernait, et trop confiant dans quelques Français ambitieux qui l'entouraient, et n'aspiraient qu'à s'élever aux premiers emplois du royaume, au détriment des nationaux; car ils ne visaient pas moins qu'aux ministères de l'intérieur, de la guerre et des finances.

Si Eugène eût possédé la tactique politique, seulement au même degré qu'il possédait celle des armes, il aurait dû, voulant parvenir au trône d'Italie, dès qu'il vit la ruine de Buonaparte, éloigner d'auprès de lui tous les Français; renvoyer provisoirement de l'armée italienne ceux qui y étaient employés; les remplacer aussitôt par des nationaux; caresser et flatter les chefs de l'armée italienne; faire venir auprès de lui les conseillers d'état et les sénateurs les plus famés dans l'esprit de la capitale; abolir certaines impositions onéreuses au peuple; en diminuer d'autres, ainsi que le fit la régence; faire des proclamations pour flatter et s'attacher la noblesse; avoir à Milan des émissaires nombreux et adroits pour pérorer dans les cercles, dans les cafés et dans les endroits publics; faire proclamer sur le champ, par le sénat, l'indépendance du royaume d'Italie; ne faire parler de lui que comme étant le chef de l'armée, destiné à y maintenir l'ordre, et à faire respecter l'intégrité du royaume par les troupes autrichiennes, et, pour cela, se maintenir ferme sur les lignes du Mincio; faire renforcer cette armée par des bataillons auxiliaires, que l'enthousiasme du moment lui aurait bientôt fournis; alors probablement il eût été proclamé d'une voix unanime, roi d'Italie. Nous en avons acquis l'assurance dans les cercles que nous fréquentions dans la capitale. Dès que cette proclamation aurait été faite, on l'aurait expédiée sur le champ, et durant l'armistice, à l'empereur de Russie, avec prière de la communiquer aux autres princes alliés; et il est vraisemblable que le royaume d'Italie aurait été conservé, qu'Eugène aurait été reconnu souverain, d'autant plus qu'il paraît qu'il n'entrait point dans les vues de la Russie, de la Prusse, ni des autres puissances belligérantes, que l'Autriche récupérât l'Italie : le traité de Paris ne faisait aucune mention de cette réoccupation de la part de cette puissance.

Eugène se dirigeant vers la Bavière, le seul asile qui s'offrît à lui dans cette circonstance, et où déjà il avait fait parvenir ses effets les plus précieux, hâtait sa marche, tant par la crainte que la partie mécontente de son armée ne le poursuivît, que par l'effet du désespoir de son ambition déçue. Il courait, avec cette aveugle pétulance, se livrer à des dangers plus certains, qu'il eût dû prévoir, et auxquels il ne songeait nullement, en entrant dans les montagnes du Tyrol. Là, il devait rencontrer les familles irritées de plusieurs paysans et bourgeois, que naguère il avait fait condamner par des conseils de guerre, et fait fusiller comme espions de l'Autriche. Sur sa route allaient se trouver quantité de soldats italiens qui avaient déserté son armée avec la fureur dans l'ame; et il n'y songeait point, ou bien il croyait avoir un *palladium* assuré dans sa compagne, qui, certes, aurait été respectée, mais n'aurait pu le sauver. Il le fut, mais seulement par la prudence et la générosité d'un lieutenant-colonel autrichien, qui pouvait avoir contre lui de non moins vifs ressentimens. Né dans le Tyrol, cet officier avait été, deux ou trois ans auparavant, du nombre de ces membres d'un conseil de tutelle, composé des plus notables habitans de Bolzano, que le vice-roi avait fait emprisonner ou garder chez eux par des gendarmes, pour n'avoir pas consenti à la demande qu'il avait faite d'une très-riche et noble pupille de ce bourg, qu'un de ses aides-de-camp convoitait pour épouse. Les motifs du refus avaient été l'intérêt du pays, qui exigeait que les revenus de cette opulente héritière n'allassent pas se consumer ailleurs, et la certitude que le prétendant ne voulait pas rompre avec une maîtresse qu'il avait à Milan. Le tuteur tenait une lettre dans laquelle l'aide-de-camp se félicitait de ce que ce mariage lui fournirait les moyens de la rendre plus brillante et plus heureuse. La légèreté était si grande dans la cour d'Eugène, que, ne doutant pas du succès de la demande du vice-roi, on avait déjà fait à grands frais tous les préparatifs de la noce ; il n'y manquait pas même les robes de l'épouse et les harnais des équipages : tout cela était venu de Paris. Dès-lors on conçoit combien était naturelle la colère du vice-roi contre le refus opiniâtre d'un conseil de famille qui osait résister à un représentant de Napoléon !

L'officier commandait à Roveredo ; il est informé par son supérieur que le vice-roi va passer avec sa famille. Connaissant tout le danger qui menaçait ce prince fugitif, il court au-devant de lui, parvient à le rencontrer avant qu'il se fût engagé bien avant dans les montagnes, lui expose tout ce qu'il doit craindre, en l'assurant que la princesse et ses gens passeraient sans être inquiétés. Eugène est déconcerté ; il n'ose avancer et ne peut rétrograder. L'officier autrichien le tira de cette cruelle perplexité en lui disant : « Prenez mon carrosse, mes postillons, mes domestiques ; endossez mon habit ; allez comme le vent. Quand vous arriverez à tel endroit, le maître de poste vous offrira un verre de bière ; vous l'accepterez ou ne l'accepterez pas ; mais retenez ces mots allemands, que vous lui répondrez, et partez comme un trait. Gardez-vous bien sur-tout de parler français ; la princesse et sa suite prendront l'autre route que voilà. » C'était le seul parti qui restait à Eugène; déjà il est revêtu de l'uniforme autrichien, et voyage dans une voiture connue pour être celle d'un officier de l'Autriche. Les déserteurs italiens et les Tyroliens qui le rencontrent, croient se tromper en le reconnaissant. Avant qu'ils aient imaginé comment il peut avoir l'uniforme autrichien, Eugène est déjà bien loin d'eux. C'est ainsi qu'il a échappé aux vengeances qui l'attendaient dans ces montagnes. Revenons maintenant sur nos pas, pour connaître les évènemens qui suivirent son départ de Mantoue.

L'assemblée des colléges électoraux, en envoyant ses députés à Paris et en les adressant directement à S. M. l'empereur d'Autriche, commit une faute bien impolitique. Ne devait-on pas prévoir que ce souverain verrait du plus mauvais œil les réclamations d'un peuple qui lui avait été enlevé depuis vingt ans? Ne savait-on pas que l'Autriche regrettait plus la perte de l'Italie, que sa suprématie sur les électeurs d'Allemagne? Ignorait-on que cette cour regarda toujours l'Italie comme son plus riche patrimoine, dont elle retirait les ressources les plus abondantes en finances, en grains, etc.? N'aurait-on pas dû s'adresser de préférence à S. M. Alexandre Ier, ou plutôt à l'assemblée des princes, pour qu'ils décidassent du sort de l'Italie? Aussi MM. les députés italiens savent de quelle manière François Ier les reçut ; et comment, après s'être bien instruit de l'objet de leur mission, il les prévint dans le conseil des alliés, et déjoua leurs belles espérances. MM. les *indépendans* (nom que les Autrichiens donnèrent par dérision aux députés italiens) revinrent à Milan, avec la honte d'avoir accepté une mission aussi imprudente qu'impolitique ; avec le regret d'annoncer à leurs commettans la reprise de l'ancienne domination de l'Autriche, et avec la crainte de se trouver exposés à des désagrémens de la part de ce gouvernement.

D'après la première convention conclue avec le comte de Bellegarde, l'armée française commença son mouvement dès le 21, et le général Grenier en prit le commandement en chef.

La division de droite fila par la rive gauche du Pô, et vint s'établir à Novarre; la cavalerie se dirigea sur Pavie; le centre, aux ordres du général Fressinet, prit la route de Crémone et de Milan; le général Verdier suivit la route de Brescia, pour venir, par Cassano, passer aussi par la capitale.

Le vice-roi avait accordé à l'armée française un mois de solde, à titre de gratification, sans le lui donner. Le général Vignolles, chef de l'état-major, se présenta à la régence pour faire payer cette dette. La régence, et sur-tout le général Pino, voulurent donner une réponse évasive; mais le comte Vignolles répliqua d'un ton menaçant, que la division Fressinet et lui-même ne quitteraient point Milan que cette solde, s'élevant à huit cent mille francs, ne fût entièrement payée (1). Le général Fressinet eut

---

(1) La régence répugnait avec d'autant plus de fondement à payer ce que le vice-roi avait si lestement promis aux troupes françaises, que déjà il avait épuisé le pays par les contributions extraordinaires, les réquisitions exorbitantes, *les dons forcés;* qu'il avait mis à sec toutes les caisses, ne lais-

même, dit-on, une conférence assez vive avec Pino, et finit par lui dire : « Monsieur, les Français ne réclament que ce qui leur est justement dû; ils n'aiment point de réponse ambiguë. Que l'armée soit payée, ou je ferai parler les soixante pièces d'artillerie que j'ai dans mon parc. » Pino se confondit en excuses, et se retira très-embarrassé de ce qu'il ferait, car il avait promis à la régence d'éviter ce payement en temporisant : la régence avait même envoyé secrètement engager l'avant-garde autrichienne à se rapprocher de Milan, comptant que l'armée française en serait épouvantée, et qu'elle

---

sant rien absolument dans celle du trésor de la couronne, et qu'il emportait beaucoup d'argent. Les dégâts immenses qui s'étaient faits dans le Mantouan et le Véronais, non seulement par les soldats, mais encore par les vivriers français auxquels il avait confié le soin de l'approvisionnement de l'armée, ne devaient pas rendre la régence très-favorable à des troupes dont le séjour en Italie pendant les derniers mois, avait si fort avancé la ruine du pays. Dans la disposition d'esprit où l'on était, on aurait voulu qu'elles n'y fussent jamais venues.

continuerait promptement sa route; mais elle connaissait mal le caractère du militaire français, comme nous allons le voir.

Les Autrichiens avaient occupé Mantoue dès le 25; ils s'étaient portés sur Crémone et Pizzighetone, qu'ils avaient aussi occupés, au mépris de l'art. 7 de la convention, qui portait que l'armée autrichienne ne se mettrait en mouvement que dix jours après que l'armée française se serait mise en marche. D'après l'invitation de la régence, le général Sommariva s'était déjà avancé jusqu'à Lodi, avec un corps de hulans et d'infanterie légère. A cette nouvelle, l'indignation s'empara de l'armée française. « Quoi! disaient les militaires, nous serions suivis, l'épée dans les reins, par un ennemi qui, non seulement ne nous a pas vaincus, mais qui n'a jamais gagné sur nous une palme de terrain par la force de ses armes! Nous aurions l'air de fuir devant des troupes qui ne soutinrent jamais notre présence! Non : il n'en sera pas ainsi; attendons-les de pied-ferme, et mesurons-nous encore une fois avec elles! »

L'ardeur de combattre vint de nouveau enflammer l'armée française. Grenier avait fait halte à Novarre, la cavalerie allait monter à cheval à Pavie, Verdier était au pont de Cassano, et Fressinet à Milan avec le général Vignolles et l'état-major. Cette attitude militaire jeta la régence dans le plus grand embarras. Milan pouvait devenir le théâtre d'une bataille sanglante; car si Sommariva était arrivé jusqu'à Marignan, ce village eût été une seconde fois témoin de notre gloire, tellement nos soldats étaient animés : et l'Europe sait ce qu'est le point d'honneur pour le Français. Des messages fréquens furent envoyés au chef de l'état-major de l'armée française, pour l'engager à faire partir la division Fressinet. Mais on tint bon, et l'on répondit avec fermeté qu'elle ne partirait que lorsque le mois de solde de l'armée serait dans la caisse du payeur-général, et que, si l'ennemi arrivait, on ne demandait pas mieux que de lui apprendre à conserver la foi des traités, dût-on se battre dans la ville. Enfin, le lendemain à midi l'argent fut compté, et les divisions de l'armée s'ébranlèrent pour continuer leur marche.

On attendait depuis long-temps à Milan l'arrivée des Autrichiens. Enfin, le 28 avril, à trois heures après-midi, les divisions Sommariva et Neipper y firent leur entrée paisiblement, et les acclamations furent assez flatteuses. Peu de jours après, le comte de Bellegarde arriva avec le général Klenau et l'état-major-général de l'armée autrichienne. Sommariva avait assez mal accueilli la députation des colléges électoraux; ils reçurent l'ordre de dissoudre leur assemblée, et de se retirer chacun chez eux. Le discours final du président fut un chef-d'œuvre de délire. Pour la dernière fois il fut question de l'indépendance, qui expira dans sa bouche.

L'illusion d'un royaume indépendant disparut aussi le 23 mai, ensuite d'une proclamation par laquelle le comte de Bellegarde annonçait qu'il avait pris possession de Milan et des provinces en dépendant, au nom de son souverain l'empereur d'Autriche, et que, dès ce moment, les colléges électoraux, le sénat et le conseil-d'état cessaient leurs fonctions. La garde civique fut en même temps dissoute. On laissa seulement subsister la régence, à la tête de laquelle se mit le comte de Bellegarde.

L'armée italienne fut disloquée, la garde royale fut licenciée en partie, et le reste envoyé à Vienne; on réserva quelques régimens de ligne et un ou deux de cavalerie, auxquels on donna des colonels allemands, et que l'on fit partir ensuite pour l'Allemagne. On conserva les généraux Mazuchelli, Palombini, Fontanelli, Zucchi et Paolucci; mais on les employa en Bohême et en Moravie. Pino fut remercié avec retraite. Dembrowski resta à Milan avec son grade *in partibus*.

Milan était tranquille, malgré le mécontentement des employés civils et militaires réformés, lorsqu'un certain aventurier français, appelé *Saint-Aignan,* et le petit intrigant italien Bossi, qui avait été gazetier à Londres, vinrent semer des germes de désordre, en excitant quelques têtes exaspérées à former un plan de conspiration tendant à rétablir l'indépendance de l'Italie, projet aussi insensé que mal conçu, car il n'y avait ni chef capable de le bien conduire, ni forces pour le mettre à exécution : c'était proprement *la congiura de' Disperati*. Ces deux mauvais sujets, après avoir séduit quelques individus et obtenu d'eux des écrits et des preuves de leurs bonnes dispositions à agir, en leur donnant à entendre que l'Angleterre les aiderait avec les forces respectables qu'elle avait à Gênes, les vendirent à la police par la plus vile trahison, et disparurent ensuite, en emportant sans doute avec eux *le prix du sang*. On arrêta les ex-généraux Lecchi (Théodore), Bellotti et Gasparinetti ; les colonels Demestre et Varese; les officiers Bettini, Brunetti et Caprotto; l'avocat Lattuada ; le médecin Rasori, et un certain Français nommé *Marchal*, qui, pour se donner de l'importance, à l'exemple du fameux Latude, s'était vanté d'être lié avec Murat, et de beaucoup d'autres choses qui n'existaient pas. Leurs papiers furent saisis : on les conduisit au château, où ils furent mis au secret ; et au mois de janvier, on les transféra dans la citadelle de Mantoue. On les a jugés ensuite au bout de dix-huit mois de prison. Les militaires qui avaient prêté serment de fidélité à l'empereur d'Autriche, ont été condamnés à une prison perpétuelle ; les autres à dix-huit mois de détention, et ensuite au bannissement du royaume. Marchal a été renvoyé en France.

DEUXIÈME PARTIE.

—

La paix et la tranquillité régnaient en Italie; le gouvernement autrichien rétablissait peu à peu ses anciennes institutions dans la Lombardie et les États vénitiens, il maintenait à Naples, à Rome, en Toscane, dans les trois légations et en Piémont, des forces assez nombreuses, en attendant l'arrivée des souverains de ces divers États, qui se réorganisaient paisiblement d'après leur ancien système, à quelques changemens près, nécessités par les circonstances.

La fatale époque du mois de mars arriva. Buonaparte, rappelé en France par la plus noire des trahisons dont l'histoire ait parlé, débarqua à Cannes, et marcha droit sur la capitale. Cette nouvelle fut bientôt répandue par toute l'Italie : déjà les mécontens osaient publier leur espoir d'une révolution prochaine, pour rétablir le royaume d'Italie en se délivrant du joug des Allemands, dont l'autorité pesait sur leurs têtes. Les nobles furent menacés : on afficha sur la porte de quelques-uns ces mots terribles : *Maison à vendre ou à démolir.*

On écrivit à d'autres ce distique italien qui se trouvait imprimé dans une espèce d'almanach astrologique, justement au 20 avril, jour du meurtre de Prina, et que l'on regarda comme une vraie prophétie :

>Chi'l proprio bene fonda sull' altrui ruine
>Va da lieto principio a tristo fine.

C'est-à-dire : « Celui qui fonde son bonheur sur le malheur d'autrui, marche d'un commencement favorable à une triste fin. ».

La noblesse, justement épouvantée de ces semences de révolte, au lieu de s'adresser au gouverneur, le comte de Bellegarde, dont on connaissait la prudence, la douceur et la vigilance, résolut, au contraire, de faire des secondes vêpres siciliennes, pour se débarrasser tout d'un coup de tous les gens qu'elle soupçonnait être ennemis de l'état actuel des choses. Il y eut des conciliabules dans une campagne du comte P***, et il fut convenu que le 25 avril, jour des *Pardons,* qui est une fête où tout le peuple des campagnes des environs de Milan vient à la ville pour assister aux cérémonies religieuses qui y ont lieu, on ferait entrer par les différentes portes une cohorte nombreuse de gens déterminés, déguisés en paysans et bien armés, qui se distribueraient dans les différens quartiers de la ville qui leur seraient indiqués d'avance par des chefs connaissant bien tous les individus désignés et voués à la mort, et qu'ils égorgeraient ceux-ci par-tout où ils les rencontreraient.

Heureusement pour les deux partis, le comte de Bellegarde fut instruit à temps de cette horrible conspiration. Dès le matin de la fête, les portes de la ville furent fermées, de nombreuses patrouilles parcoururent la ville, et arrêtèrent plusieurs des assassins, armés de poignards et de pistolets, et l'ordre ne fut point troublé. Nous disons que ce fut heureusement pour les deux partis, car nous allons rapporter une circonstance dont certes jamais l'histoire ne fit mention.

Un jardinier du comte P*** avait entendu tout le plan de la conjuration de la noblesse : comme il était très-lié avec un Français, il lui en fit part huit jours environ avant l'époque de la fête des *Pardons*, et il lui dit même que les Français seraient compris dans le massacre. Celui-ci se hâta de rassembler quelques-uns de ses compatriotes et quelques officiers italiens; il leur communiqua cet horrible projet dont il croit instant de prévenir l'effet. Plusieurs conciliabules se tinrent sous les arbres du fond de la place d'armes du château. Il fut arrêté que l'on aviserait, sous le plus grand secret, tous les ex-militaires, employés et autres personnes qui se trouvaient compromis ; que l'on formerait une troupe de quatre cents hommes bien résolus et bien armés; que cette troupe serait divisée en huit compagnies, commandées par des officiers italiens, et que le jour même des *Pardons*, une partie se porterait sur les promenades des bastions, près des portes principales par où devaient entrer les faux paysans, sur lesquels on se jetterait, et que l'on égorgerait à l'instant, tandis que l'autre partie se rendrait dans les maisons de tous ceux qui étaient les auteurs de la conjuration, et ferait main-basse sur eux et sur toute leur famille ; que, dans le cas de résistance, le feu serait mis aux maisons. Ainsi, par une circonstance bien extraordinaire, les propres auteurs d'un crime épouvantable en auraient été les premières victimes. Nous croyons que le comte de Bellegarde, trop occupé des moyens de prévenir la première conjuration, n'eut point connaissance de la seconde; et, sans le savoir, il en détruisit deux par son active vigilance et les mesures rigoureuses qu'il prit dans cette journée qui eût été si fatale. Il eut, au reste, bientôt à s'occuper d'un soin plus important.

Murat, malgré son infâme trahison et ses traités avec l'Autriche et l'Angleterre, n'était pas tranquille sur son trône. Il avait écrit au mois de janvier à la princesse Marie-Louise, à Vienne, sous le prétexte du nouvel an, pour connaître ce que la cour de François Ier pensait à son égard, en la priant de faire agréer à S. M. l'empereur ses sentimens d'attachement et de dévoûment sincères. La princesse parla de cette lettre au prince héréditaire, qui en parla, à son tour, à son père et au ministre, le comte de Metternich. Celui-ci lui fit répondre par Marie-Louise, que la cour d'Autriche savait apprécier les sentimens dont il avait renouvelé l'assurance, et qu'il pouvait compter sur une égale réciprocité. Le simple Joachim fut très-satisfait de cette réponse ; mais lorsqu'il apprit le succès de Buonaparte, il se trouva dans le plus grand embarras : il prit conseil de Caroline, sa femme, qui avait plus de moyens que lui, et qui avait appris quelques astuces à l'école de son frère : la conjoncture était extrêmement délicate. Ils résolurent enfin entr'eux de jouer le rôle de la fable de *la chauve-souris* et *des deux belettes*. Joachim fit assurer, par son ambassadeur, le congrès des puissances à Vienne qu'il était toujours dévoué à la cause commune, et qu'il était prêt à réunir ses troupes à celles de la coalition, pour *abattre le tyran du monde*. En même temps il expédia secrètement son aide-de-camp, le comte de L**t, à Paris, pour exprimer à Buonaparte son repentir, solliciter son pardon, lui protester de son dévoûment sans bornes, et lui faire part de la diversion qu'il projetait de faire en Italie en faveur des armes françaises. Ses excuses furent admises par l'adroit Napoléon, qui avait besoin de lui en cette circonstance, se réservant, *in petto*, de le faire repentir dans la suite de sa trahison, qui avait perdu l'Italie; et l'envoyé s'en retourna avec les promesses les plus flatteuses de réconciliation et d'amitié. Dès-lors Joachim se hâta de rassembler une armée d'environ 40,000 hommes, sous prétexte de se réunir à la coalition qui allait fondre sur la France; mais la cour d'Autriche était instruite de son arrière-pensée et de tous ses projets. Elle attendait qu'il commençât à les mettre à exécution, pour avoir un prétexte plausible de le chasser d'un trône dont il était indigne, et qui devait retourner au souverain légitime. On n'eut pas l'air de s'apercevoir des mesures que prenait Joachim, mais l'on se mit secrètement en position de l'accueillir comme il le méritait.

Effectivement, ce roi gascon se mit en marche avec son armée, qu'il annonçait être de 120,000 hommes; et, sans aucune déclaration de guerre, il s'avança dans la Marche d'Ancône et dans les Trois Légations : il y sema des proclamations par lesquelles il s'annonçait comme le libérateur de l'Italie, à laquelle il allait rendre la liberté et l'indépendance; mais ces promesses furent accueillies comme elles le méritaient par les Italiens, qu'il avait si indignement trompés dans la campagne précédente; et tout le pays se ressouvenait trop bien encore des vols, des rapines et des crimes de tout genre des soldats napolitains. D'ailleurs on savait que Murat était loin de pouvoir lutter contre l'armée que les Autrichiens avaient à lui opposer, lui qui n'avait qu'un ramassis de troupes sans discipline, qui étaient sans courage, sans expérience, et sur-tout sans chef capable de les bien conduire. Murat lui-même n'était qu'un militaire capable de faire un coup de main, et non de conduire une armée. Nous en verrons bientôt la preuve par ses mauvaises manœuvres, qui amenèrent si promptement sa ruine. Ce qu'il y a de plaisant, c'est qu'en France, des partisans de Napoléon, aussi ignorans que fanatiques, tels qu'un certain agioteur italien nommé *Trabucchi*, nouvellement établi marchand à Lyon, faisait insérer dans les journaux de Paris de prétendues victoires de Murat, en vertu desquelles il avait repoussé les Allemands jusque sous les murs de Milan, dont il était sur le point de se rendre maître. Nous nous rappelons un article du *Journal du département du Rhône*, du mois de mai, par lequel Trabucchi annonçait que Murat avait battu les Autrichiens dans les Marches; qu'il leur avait fait quinze mille prisonniers et pris quarante pièces de canon, tandis que c'était précisément l'époque où l'armée napolitaine essuyait une entière déconfiture à Tolentino, ainsi que nous le verrons. Reprenons le fil des évènemens.

Murat partit de Naples à la fin de mars, avec le duc de Gallo, son ministre des relations extérieures, le sieur Agar, Français, ministre de l'intérieur, et le général Millet de Villeneuve, aussi Français, son chef d'état-major, qui étaient à peu près les seuls qui lui restassent de cette nation, car nous n'osons pas affirmer que la Vauguyon l'eut rejoint une troisième fois après être revenu en France, ainsi qu'on l'a dit. Le quartier-général s'établit à Ancône. L'armée napolitaine était formée de six divisions, dont trois commandées par les généraux Carascosa, Ambrosio et Lecchi ; trois autres divisions filaient en Toscane, sous les ordres de Livron, Pignatelli et Cerchiara. Murat s'avança avec les trois premières sur Bologne, d'où il fit répandre ses proclamations, comptant que tous les militaires italiens viendraient augmenter ses forces. Mais s'apercevant, au bout de quelques jours, qu'elles demeuraient sans effet, il ne put s'empêcher de témoigner à M. Agar ses inquiétudes et son embarras énorme, lui avouant qu'il ne savait trop comment il se tirerait de ce pas.

M. de Bellegarde avait déjà plus de cinquante mille hommes en Italie, et principalement de l'infanterie et de la cavalerie hongroises. Mantoue et les autres places de guerre étaient pourvues de tout ce qui leur était nécessaire. Le feld-maréchal Bianchi avait envoyé en Toscane le général Nugent avec un corps de troupes, pour observer les mouvemens des Napolitains sur ce point-là. Murat montra dans cette circonstance toute son impéritie, car sa première opération militaire aurait dû être de s'emparer des deux débouchés de l'Appenin, Florence et Pistoie, pour assurer sa gauche, et pour pénétrer par cette dernière route dans le Modénais et le Parmesan, d'où il aurait inquiété le flanc droit de l'armée autrichienne. Nous verrons quelles furent les conséquences de cette faute grossière.

Le feld-maréchal Bianchi n'ayant gardé avec lui que quatre bataillons d'infanterie, quatre escadrons de cavalerie et une batterie de quelques bouches à feu, feignit de se retirer devant les troupes napolitaines, afin d'attirer le fougueux et inconsidéré Joachim dans les plaines du Ferrarais, tandis que Nugent manœuvrerait sur ses derrières.

Le 4 avril, il y eut un petit engagement sur la route de Modène. Une colonne napolitaine s'étant dirigée sur Spilimbergo pour prendre les Autrichiens en flanc, fut vivement repoussée. Murat fit aussitôt avancer toutes ses divisions, et Bianchi vint, le 5, prendre position à Carpi, emmenant avec lui deux cents prisonniers. Le général napolitain Filangieri fut grièvement blessé. Le 6, Bianchi se rapprocha du Pô pour concentrer ses forces. Les Napolitains, faisant un mouvement sur leur droite, se portèrent en force sur le Ferrarais, et vinrent insulter la tête du pont d'Occhiobello ; mais ils furent repoussés avec une perte considérable. Bianchi voyant l'ennemi refuser sa gauche, s'y dirigea le 10, et fit avancer une colonne sous les ordres du général Stharemberg, en avant de Carpi, où elle rencontra un corps napolitain commandé par le général Pepe, qui fut vigoureusement attaqué et obligé de se retirer précipitamment dans la ville, qui n'est défendue que par une simple muraille. Il tenta de s'y défendre ; mais se voyant menacé d'un assaut, et ayant eu avis que le colonel Oksinski se portait avec deux compagnies du régiment de Simbschen, sur-

Quartirolo pour lui couper la retraite, il abandonna brusquement Carpi, et se hâta de passer la Secchia, poursuivi l'épée dans les reins. Il eut cinq cents hommes hors de combat, et on lui fit un nombre égal de prisonniers.

D'après ce fait d'armes, la division Carascosa, forte de huit mille hommes, se vit forcée d'abandonner Modène, et de se retirer au-delà du Panaro; l'avant-garde autrichienne y entra le 11. La général Pepe avait voulu prendre position à la Secchia, mais le général Stharemberg le poursuivait, tandis qu'une colonne de la division Bianchi, détachée de Rubiera, le rejetait sur le Panora, où il tenta encore de se défendre, en garnissant fortement Bondeno et Finale pour assurer son flanc droit, et en appuyant sa gauche à Spilimbergo. Il ne put s'y maintenir, et se replia sur Modène.

Le général autrichien Stefanini s'avançait par la route de la Mirandola, tandis que Mohr marchait par Ravalle et Casaglia; ils rencontrèrent la division Ambrosio, forte de huit mille hommes bien retranchés, l'attaquèrent avec une froide intrépidité, et la mirent en pleine déroute; ils lui tuèrent près de huit cents hommes, lui firent un nombre égal de prisonniers, et lui enlevèrent une pièce de canon et quelques caissons. La suite de cette affaire fut le débloquement de Ferrare et l'évacuation de tout le bas Panaro.

L'armée napolitaine, après ces échecs, se retira dans les marches. Neipperg se mit à sa poursuite par la droite, tandis que le comte de Stahremberg, à la tête des hussards hongrois, des chasseurs tyroliens et de quelques régimens d'infanterie de Bataille, la rejetait au-delà de Bologne, où il entra lui-même le 16 avril, à neuf heures du matin. Le 18, le quartier-général de l'armée autrichienne y fut transféré.

Le général Nugent, détaché en Toscane, menait tambour-battant les trois divisions napolitaines qui occupaient la route d'Arezzo, et les poussait sur Peruggia.

Murat, vivement poursuivi par Neipperg et Bianchi, fuyait avec précipitation : il s'arrêta seulement sur le Ronco, près de Cesène, où il se retrancha. Neipperg résolut aussitôt de l'y attaquer; il détacha le général Haugwilz dans les montagnes, vers Meldona et Roversana, pour prendre les Napolitains à revers, en occupant Ste.-Agata et St.-Angelo-in-Vado. Le 21 avril, Haugwilz arriva à Bettinovo, tandis que Neipperg passait le Ronco, en face de la division napolitaine commandée par Lecchi, forte de sept mille hommes. Elle lâcha pied au premier feu, et s'enfuit à Forlimpopoli, quoique ce fût l'élite de l'armée, et qu'elle combattît sous les yeux de son souverain. Un escadron des hussards du prince régent et un autre de Lichtenstein, taillèrent en pièces les lanciers de la garde; et le même jour, le major Brebeurs entra avec l'avant-garde autrichienne dans Ravenna. Le feld-maréchal Bianchi s'était porté rapidement sur Florence, pour se réunir au général Nugent; il arriva le 25 à Arezzo.

L'aile gauche des Autrichiens, poursuivant les avantages obtenus au Ronco, entra le 24 avril à Cesène. Murat abandonna ses positions sur le Savio, où il avait vingt-trois mille hommes, et se replia sur Rimini, laissant son arrière garde à Savignano. Le major autrichien Pirquet était occupé à ramasser les fuyards, qui pillaient et désolaient les campagnes. D'un autre côté, sur la droite, les divisions Bianchi et Nugent harcelaient les Napolitains dans le val d'Arno. Ceux-ci, au lieu de songer à défendre les belles positions de cette vallée, de Peruggia, et sur-tout la si fameuse position de la rive orientale du lac de Trasimène, se retiraient en désordre, et par trois colonnes, sur les États romains, par Assise et Foligno. Neipperg était avec vingt mille hommes à Faenza, où il prit neuf pièces de canon. Murat continuant son mouvement rétrogade, se rallia entre Savignano et Rimini, où il faisait mine de vouloir se défendre. Le général Frimont marcha à lui le 26 avril, et se prépara à une attaque générale ; mais le 27, les Napolitains abandonnèrent cette position. Ils furent poursuivis, l'épée dans les reins, jusqu'à la Catolica, où ils ne purent s'arrêter ; ils filèrent sur Gambico et Pesaro, laissant un grand nombre de prisonniers aux mains de l'ennemi, qui entra le 29 à Fano.

Tandis que le général Frimont agissait sur ce point, Bianchi se portait à marches forcées sur Foligno, où est l'embranchement des deux routes de la marche d'Ancône et de la Toscane, qui conduisent à Rome. Son dessein était de couper la retraite à Murat. Celui-ci dut alors sentir la faute qu'il avait commise, de n'avoir pas fait occuper fortement et plus à temps les deux débouchés de l'Appenin, de Florence et Pistoie. Il s'en aperçut, mais il n'y avait plus de remède, car Bianchi occupa Foligno le 28, après avoir surpris les troupes qui l'occupaient, et les avoir repoussées jusque sous Fossombrone.

Neipperg s'avançant vers la Catolica, le comte de Thurn, à la tête d'un régiment de cavalerie, poussa l'arrière-garde ennemie jusque dans Pesaro, où il entra de vive-force, et il fit prisonniers près de six cents Napolitains qui occupaient ce poste.

Les restes de l'arrière-garde, commandés par Carascosa, allèrent prendre position en-deçà de Sinigaglia, près de Scapezzano;

mais le 1er mai, le général Gepert les attaqua de front, tandis que son artillerie battait la flotille napolitaine, et l'obligeait à prendre le large. Carascosa abandonna sa position, ainsi que Sinigaglia, et il fut poursuivi jusqu'au fleuve Lisino. Dans ce même-temps, Bianchi s'était emparé de Macerata : déjà son avant-garde poussait des reconnaissances jusqu'à Fermo, et une colonne détachée d'Ascoli par le général Nugent, s'avançait vers Rome.

Murat voyant le danger imminent où il se trouvait, ne pensa plus qu'à se porter à marches forcées, d'Ancône sur Foligno, pour s'y ouvrir une retraite à tout prix. S'étant donc soustrait à la division ennemie qui venait de Sinigaglia, il rassembla toutes ses forces pour les opposer à Bianchi, qui marchait de Tolentino sur Macerata. Les deux armées se rencontrèrent près de la première de ces villes. Le 2 mai, à la pointe du jour, les Napolitains attaquèrent les positions de Bianchi avec assez d'impétuosité, mais ils furent repoussés plusieurs fois ; le combat dura jusqu'à la nuit ; le lendemain, à la pointe du jour, Bianchi attaqua à son tour les Napolitains, qui filaient sur la gauche; mais à la première décharge de ses troupes légères, on vit les bataillons ennemis se débander, jeter bas leurs armes et s'enfuir. Murat fit de vains efforts pour les rallier; il fut contraint lui-même de prendre honteusement la fuite; il courut en désespéré jusqu'à Macerata, accompagné de quelque cavalerie, vivement poursuivi par Mohr, entre les mains de qui il faillit tomber. Les généraux Ambrosio, Pignatelli et Campana furent blessés.

Murat prévoyant depuis plusieurs jours le sort funeste de ses armes, avait envoyé, dès le 21 avril, le général Millet de Villeneuve, son chef d'état-major, au feld-maréchal Bianchi, pour demander un armistice, que celui-ci lui refusa par sa réponse du 24.

Le 3 mai, Murat n'avait tenté de renouveler son attaque, que pour forcer la ligne autrichienne et gagner Tolentino; les divisions Ambrosio et Pignatelli étaient descendues des hauteurs de Monte-Milone pour investir le flanc gauche des Autrichiens, où se trouvait Bianchi. Ce général prévint l'attaque et fit avancer le régiment de Chasteler en colonnes serrées, tandis qu'un escadron des dragons du grand duc de Toscane, favorisé par le terrain, tomba à l'improviste sur le flanc droit de l'ennemi, et investit la première colonne d'infanterie du 2e régiment de ligne napolitain, qui fut taillé en pièces. Dès-lors on vit se développer le plan d'attaque de Murat : des hauteurs de Milone, descendirent environ huit mille hommes rangés en carré, se dirigeant sur l'aile gauche autrichienne. Le régiment de Chasteler, quelques compagnies de Vacquant et deux escadrons des dragons du grand duc, étaient les seules forces qui se trouvassent opposées à cette attaque: mais bientôt le général Taxis avec les dragons, se portèrent sur le flanc droit de l'ennemi, tandis que le major Kunher fit jouer trois pièces d'artillerie sur le centre, ce qui décida la fuite des Napolitains et une victoire complète.

Dans le même temps, le général Ekart se

rendit avec une division sur la gauche de la vallée de Potenza, jusque sous les murs de Monte-Milone; et Mohr avait fait avancer au-delà de la vallée de Chienti, un bataillon de Hiller, et un autre de Modénois, pour tourner sur sa gauche l'ennemi vers Patrinola. Ces manœuvres, exécutées avec un parfait ensemble, contraignirent l'armée napolitaine de se disloquer. Les deux brigades Taquilla et Médicis s'enfuirent dans les montagnes.

Le matin du 4, Stahremberg fit investir Macerata, et s'avança en personne sur Fermo, où il devança l'arrière-garde ennemie, conduite par le général Majo, qui fut obligé de se dévier vers Civita Nuova.

Les Napolitains perdirent dans ces trois jours, vingt officiers, huit mille soldats, tant tués ou blessés que prisonniers; la majeure partie de leur artillerie et de leurs caissons, et beaucoup de bagages, parmi lesquels se trouva la voiture de Murat. Les Autrichiens eurent vingt officiers et mille soldats hors de combat.

Le major Flotté, du huitième bataillon de

chasseurs, poursuivant les restes de l'armée ennemie, fit capituler Aquileja, où l'on trouva trente milles cartouches et dix canons avec leurs caissons.

Le général Gepert mit le blocus devant Ancône, ou Murat avait laissé trois mille hommes.

Le général napolitain Montigni, à la tête de cinq cents hommes et de quelques bandes de paysans, fut attaqué à Canetra, par le major Flotté; au premier feu cette troupe jeta ses armes et s'enfuit à toutes jambes; le 6 mai, huit cents autres Napolitains s'avancèrent à Montefiore; douze Hongrois, avec le peuple armé, se mirent en embuscade et firent feu sur eux; ils se rendirent aussitôt prisonniers de guerre.

Après la bataille décisive de Tolentino, Bianchi se mit à la poursuite des restes de l'armée napolitaine; et, par une marche de flanc, il l'empêcha de se maintenir dans les positions du Tronto et de Pescara. Le 8 mai, Mohr passa le Tronto, et le surlendemain il occupa Popoli, après avoir fait quinze cents prisonniers.

Le 12, le général Senizzer bloqua Pescara. Ekard, avec sa colonne, s'avança par des monts escarpés, que jamais troupe n'avait gravis, jusqu'à Acquila; de là, il se porta à Ravelli, ensuite à Popoli et Sulmona, où il fit cinq cents prisonniers.

Le feld-maréchal Bianchi, avec le corps d'armée, prit la route de Terni et de Rietti; son artillerie, conduite par le capitaine toscan Ranieri (élevé à l'école française), passa par un chemin escarpé, de plus de sept milles allemands de long, au moyen de la mine qu'on fit jouer.

Pendant ce temps, Nugent était déjà arrivé sur Rome, où il recueillit toutes ses troupes pour marcher sur Céprano, que l'ennemi paraissait vouloir défendre; il l'y attaqua, le mit en fuite et lui fit beaucoup de prisonniers. Murat fit brûler le pont et se retira à San-Germano. Le général napolitain Manlies, jadis chef de brigands et le fléau de la Calabre, avait eu le commandement de cette position, d'où il commettait des horreurs dans tous les environs.

Les restes de l'armée napolitaine, montant au plus à douze mille hommes d'infanterie, et trois mille chevaux, se retiraient en toute hâte vers ses frontières.

Le 11 mai, le capitaine Campbell, commandant une escadre anglaise composée du vaisseau de ligne le *Tremendous*, de la frégate l'*Alcmène*, et du sloop le *Patridgs*, se présenta dans la baie de Naples, et menaça de bombarder la ville. Aussitôt le prince Cariati fut expédié par madame Murat, à bord du capitaine, pour traiter de la sûreté de la capitale. Celui-ci se fit remettre sur le champ les vaisseaux de la marine militaire napolitaine et les arsenaux. Le 10 mai, le général Ghequier était avec une brigade autrichienne à Terracine, et son avant-garde alla occuper Fondi, première ville du royaume de Naples, de ce côté-là.

Le major Palaggi, avec deux compagnies du premier régiment toscan, s'avança le 11 vers le fort Sant-Andrea, défendu par de l'artillerie et huit cents hommes; à la première sommation, ceux-ci se rendirent; de là, réuni à l'avant-garde autrichienne, il poussa quelques corps ennemis jusque dans Irri, où il leur fit deux cents prisonniers. En peu de jours, Piedemonti, Tino, Ponte-Corvo et Acquino furent occupés par les troupes austro-toscanes. Le capitaine Bartolozzi, avec sa compagnie de dragons du grand-duc et un détachement de hussards hongrois, surprit à Pignatara un corps de deux à trois cents Napolitains, qu'il passa en grande partie au fil de l'épée, et fit le reste prisonnier.

Après le combat de Ceprano, Murat s'était retiré à San-Germano, où il parvint à rassembler huit mille hommes. Le 14, il marcha contre Nugent; il y eut un petit engagement, dans lequel celui-ci fit trois cents prisonniers. Il profita de ce temps pour diriger sur Ponte-Corvo une colonne sous les ordres du major d'Aspre, pour couper la retraite à Murat; une autre colonne, commandée par le major Triepp, eut ordre d'investir la position de San-Germano, contre laquelle Nugent s'avança lui-même. Le 16, les trois corps furent arrivés sur ce point; l'ennemi se retira, mais Nugent le poursuivit, et l'atteignit le soir à Mignano, où le combat s'engagea, tandis que le major d'Aspre exécutait une marche de flanc; le capitaine Guerand, du régiment Vacquart, avec sa compagnie, celle des chasseurs de Nadler, et un escadron des hussards du prince régent, attaquèrent le point le plus fort de la position, défendu par trois mille hommes. Le succès ne fut ni long ni douteux; une confusion générale dispersa tout le corps ennemi, et le jour suivant on ramena plus de cent prisonniers.

Le comte Nugent continua son mouvement sur la route de Naples; l'avant-garde était déjà aux bords du Garigliano, et les communications de Gaëte étaient interrompues : la cavalerie napolitaine gagnait la route de Capoue avec deux canons. Le 17, Nugent fit sa jonction avec le feld-maréchal Bianchi, dont l'avant-garde était déjà arrivée le 16 à Venafro. Carascosa abandonna Sessa dans la nuit du 17, et continua sa retraite précipitée vers Capoue. Le général Mohr occupa Calvi le même jour.

Bianchi, par sa marche rapide d'Aquila à Popoli et à Sulmona, empêcha l'ennemi de pouvoir emmener une partie de son train d'artillerie. En effet, Murat laissa, près de Lanciano, vingt-trois canons, dix obusiers, soixante chariots de munition et beaucoup de bagages, dont la division autrichienne s'empara. Bianchi passa le Vulturne; son armée marchait au milieu d'une foule de soldats napolitains qui, ayant abandonné leurs drapeaux, fuyaient sans armes. Capoue fut bientôt investie. Les généraux Neipperg et Stahremberg, accompagnés du lord Burghersh, se réunirent à Bianchi, dans la maison Lanzi, où ce dernier avait établi son quartier-général. Le duc de Gallo vint proposer un armistice et un projet de convention avec Murat; mais ses propositions furent absolument rejetées.

Le lendemain, le général Carascosa se présenta au quartier-général, et entama une négociation. Après une assez longue conférence, on arrêta et l'on signa la convention suivante :

« Le 21 mai, l'armée autrichienne combinée fera son entrée à Capoue. Le 22, elle occupera les hauteurs de la ville de Naples, où elle entrera le 23. » Carascosa céda de plus toute la partie du royaume de Naples qui était sous sa juridiction ; les places de Gaëte, Ancône et Pesaro restèrent occupées par les Napolitains, comme non comprises dans cet arrangement. On ne fit, dans ce traité, aucune mention de Murat, qui n'avait paru qu'un instant dans sa capitale, d'où il fit voile pour la France. Sa femme, Caroline, redoutant les fureurs du peuple, avait conjuré le capitaine Campbell de la prendre à son bord pour l'emmener à Trieste avec sa famille, l'or et les bijoux dont elle avait spolié le trésor de la couronne et les caisses publiques. Effectivement, elle était partie dès le 18, sur le vaisseau *le Tremendous.*

Le reste de l'armée napolitaine reçut ordre de se rendre à Salerne pour y attendre sa destinée ultérieure; mais en se retirant de Capoue, le désordre le plus affreux se mit dans ses rangs ; plusieurs officiers furent massacrés, et les soldats, sans chefs, se dispersèrent comme des brigands : la cavalerie seule se rendit au lieu désigné.

Le prince Léopold, fils du roi de Naples, Ferdinand IV, arriva le 19 mai au quartier-général de l'armée autrichienne ; de là il se rendit à Naples, où il fut reçu avec des transports d'allégresse incroyables, et il prit de nouveau possession du royaume au nom de son père. Le général Nugent était parti dès le 19 pour la Calabre, afin d'y prendre le commandement de l'armée anglo-sicilienne, qui y avait débarqué d'autant plus facilement, que Murat n'avait pas pensé à garder ses côtes, ou peut-être ne l'avait-il pas pu, faute de troupes.

Pendant les opérations du général Bianchi, Geppert serrait de près Ancône, dont il avait déjà pris d'assaut plusieurs fortins, tandis que le général Mohr poursuivait les restes de quelques brigades napolitaines qui s'étaient dispersées le long de la mer Adriatique, vers Pescara, où elles commettaient toutes espèces de brigandages.

Un autre corps de dix mille hommes, sous

les ordres du général Eckart, marchait de Tolentino, par la route difficile de Sarnano et Penna St.-Giovani, sur Popoli, pour protéger les opérations du major Flotté, qui était à Aquila. Ancône et Pesaro capitulèrent le mois suivant. Gaëte, défendue par des troupes italiennes, ne se rendit que le 9 août. Ainsi, dans une campagne de six semaines, Murat perdit un trône où Buonaparte ne l'avait placé que pour l'intérêt politique de l'empire français, dont il ne devait se regarder que comme un des vassaux, ainsi que le lui disait ce premier dans une lettre qu'il lui écrivait un an auparavant, et qui avait été interceptée.

La conduite de Murat, depuis le traité de Paris, avait été plus que douteuse, et elle inspirait des soupçons à l'Autriche et à l'Angleterre. On savait qu'il avait envoyé plusieurs émissaires secrets à l'île d'Elbe. La mère même de Buonaparte, après différentes conférences avec l'envoyé de Naples à Rome, était partie au mois de juillet 1814, pour Porto-Ferrajo ; elle eut même la témérité de traverser la ville de Livourne en plein jour pour s'y embarquer; et sans le secours de la garnison autrichienne, elle y aurait été massacrée par le peuple, qui la poursuivit jusqu'au port, avec des cris et des hurlemens épouvantables de *a morte la madre del tiranno!*

Le consul des relations commerciales de France à Livourne devait être parfaitement instruit de toutes ces menées, puisque chaque jour il arrivait des barques de l'île d'Elbe; et il serait bien coupable s'il n'en avait instruit à temps son gouvernement.

L'Autriche avait commis une faute assez grave en laissant, après la campagne de 1813 et 1814, toute la Romagne et la Marche d'Ancône au pouvoir de Murat; car que pouvait-elle gagner à cette condescendance? Elle dut s'en repentir lorsqu'elle reconnut les intentions perfides de cet homme aussi maladroit en guerre qu'en politique, à l'époque de la rentrée de Buonaparte en France, car il débuta par demander au comte de Bellegarde, lieutenant-général du royaume d'Italie, le passage pour quatre-vingt mille hommes par la haute Italie, pour marcher, disait-il, contre l'usurpateur du trône des Bourbons ; mais son intention véritable était de s'emparer de ce pays-là, d'y provoquer une révolution, pour ensuite envahir le Piémont et se mettre en communication avec l'armée des Alpes, commandée alors par le maréchal Suchet. Une demande aussi impudente fut rejetée bien loin, comme on doit le penser.

Murat partit de Naples sur un aviso, débarqua furtivement dans les environs de San-Tropez, et se tint assez long-temps caché dans ces cantons ; mais après la bataille de Vaterloo, voyant les affaires de son parti perdues, il se rembarqua, et se rendit en Corse avec quelques-uns de ses plus chers affidés, entr'autres le général Franceschini, résolu d'y attendre les évènemens.

A l'époque de l'invasion de l'armée napolitaine, le pape s'était retiré à Gênes avec la famille royale d'Espagne : le grand-duc de Toscane était allé résider à Livourne, et le duc de Modène avait dû abandonner momentanément ses Etats, où il est adoré et chéri de tout le monde.

Les puissances alliées s'étaient armées de nouveau pour marcher sur la France. Les Autrichiens, débarrassés de l'armée de Murat, se mirent en route pour le Piémont, laissant en Italie des forces suffisantes pour y maintenir l'ordre et la tranquillité. Le maréchal comte de Bellegarde sollicita les levées des troupes italiennes, qui ne s'empressaient guère de répondre à leur appel. M. de Bellegarde fut obligé de faire la proclamation suivante :

16 août 1815.

« L'Europe entière est encore sous les armes pour assurer enfin le repos et le bonheur de la génération présente. Des frontières de l'Asie jusqu'aux colonnes d'Hercule, on a pris les armes pour ne les poser que lorsqu'on aura obtenu le but sacré de déraciner le mal qui, depuis vingt-cinq ans, renaissait en France sous diverses formes, pour se répandre dans le reste du monde civilisé. L'ennemi de la paix générale se trouve au pouvoir des souverains alliés : on a détruit enfin ces phalanges auxquelles il n'avait enseigné qu'à lui obéir et à se battre avec une valeur bien différente de celle des premiers Grecs, des vrais Romains, et qui, au commencement de la révolution, sacrifièrent leur vie pour des idées erronées et impossibles à réaliser; mais qui, au moins, n'étaient pas exclusivement celles du pillage, ni de la gloire fausse et non nationale des conquêtes.

« Mais si les efforts faits jusqu'à présent pour attérer le géant ont été immenses, il n'en faut pas de moins grands encore pour l'enchaîner, et pour ôter aux nations toute espèce d'inquiétude sur les passions qui pourraient encore renaître en France.

« Ce ne sont plus des armées, mais ce sont les peuples entiers qui ont pris les armes. Les landwehrs en Autriche, en Prusse, en Allemagne et en Russie, et les milices d'Angleterre composent une grande partie de ces armées. Jamais on ne fit tant d'efforts en hommes et en argent.

« Celui qui passerait dans la Prusse, où un homme propre à porter les armes doit presque se justifier de n'avoir pas suivi les compagnons des hauts-faits de Blücher; celui qui verrait la dépopulation de la Russie, déjà peu peuplée, causée par la même cause honorable, celui-là ne pourrait pas douter de la vérité de cette assertion, et moins encore s'il traversait cette monarchie autrichienne qui, pendant vingt-cinq ans continuels, fut presque toujours sur le champ de bataille pour opposer une digue au torrent révolutionnaire qui menaçait de l'inonder elle et ses voisins; cette Autriche qui, abandonnée de tout le continent, ne quitta point les armes malgré ses pertes, et qui enfin enseigna, dans les champs ensanglantés d'Aspern, comment on battait *l'invincible*, et dans ceux de Wagram, comment on rendait inutile une victoire dans laquelle, précisément par cela même que les levées nécessaires à cette sainte lutte et l'élan national spontané enlevèrent la vie à beaucoup de citoyens, et privèrent l'agriculture de plus de bras que dans tous les autres pays qui n'étaient en état de guerre que depuis peu d'années. Il suffit, pour le prouver, de dire que, outre les volontaires de bonne condition, trente-deux mille nobles périrent victimes du fer ennemi, depuis 1789 jusqu'en

1809, avant la levée de la landwehr et de l'insurrection hongroise. D'après cela, le royaume lombard-vénitien, maintenant partie intégrante de cette admirable union des différens peuples soumis à la maison d'Autriche, pourrait-il prétendre seul de ne point unir ses efforts à ceux de cette monarchie et de tout le reste de l'Europe? Les Italiens qui le composent pourraient-ils prétendre qu'après avoir été contraints par un tyran féroce à porter la désolation en Allemagne, à mettre l'Espagne à feu et à sang, à pénétrer injustement jusque dans la capitale des Czars, ils ne devraient faire aucun sacrifice pour la tranquillité et la délivrance générales?

« Le royaume lombard-vénitien, défendu depuis peu avec le sang des Allemands, des Bohémiens et des Hongrois, de l'invasion du Français usurpateur du royaume de Naples, qui, quoiqu'incapable de soutenir sa folle entreprise, pouvait cependant rapporter momentanément tous les fléaux de la guerre au sein de ce pays, et y occasionner des maux incalculables avec ses troupes indisciplinées, demeurera-t-il tranquille spectateur des nouveaux efforts et des sacrifices qu'ont faits ses frères, puisque de ces efforts doivent naître encore pour lui les avantages de la paix et de la tranquillité?

« Non il ne sera pas vrai qu'un tel sentiment soit celui des Italiens sujets de François Ier. En supposant même que plusieurs d'entr'eux (car c'est le propre de beaucoup de gens de n'être jamais contens de leur sort) n'aient pas encore conçu cet amour et cet attachement auxquels ils seront forcés de venir par le génie bienfaisant et par l'esprit de justice sur lequel est établie l'affection inviolable qui unit les divers peuples de la monarchie autrichienne au trône de leur souverain ; en supposant que des gens égarés dans lesquels l'expérience trop mémorable du siècle n'ait pas encore détruit ces principes d'une théorie vaine et abstraite dont, au lieu de félicité et de biens réels, il ne résulta que des malheurs inouis ; en supposant enfin des ennemis de l'ordre actuel, il suffit qu'il se trouve en eux une étincelle d'honneur, pour qu'aucun d'eux puisse désirer que leur patrie offre l'exemple de l'exemption d'une lutte commune à presque tout le monde; personne ne peut désirer que les Italiens du royaume lombard-vénitien soient taxés de lâcheté par leurs confrères Autrichiens, par les Russes, par les Prussiens, les Anglais, etc.: quelque soient leurs sentimens, ils ne peuvent désirer un tel état d'avilissement.

« Ce n'a point été la volonté de ces preux, leurs concitoyens, qui, unis sous les armes et faisant partie de l'armée autrichienne, demandèrent avec instance de rejoindre l'armée active, faveur qui leur fut enfin accordée par le souverain.

« Si ces considérations sont justes et s'accordent avec l'honneur national, si elles prouvent qu'il faut en poursuivre le but, il est impossible d'éviter les moyens nécessaires pour y parvenir, par conséquent il est inévitable d'exécuter la conscription qu'on vient d'ordonner.

« Cette conscription ne peut se calculer sur le même pied que celle du dernier gouvernement, qui avait introduit la décimation annuelle et régulière de la population. Celle-ci est une levée extraordinaire, décrétée pour remplir les cadres des nouveaux régimens italiens, qui sont d'une force si peu nombreuse, qu'on ne peut les appeler effectivement que *cardes*.

« L'armée du royaume d'Italie était composée de plus de soixante mille hommes; la population outrepassait de peu six millions d'habitans; le royaume lombard-vénitien est de plus de quatre millions; donc en retenant la même proportion, on devrait mettre quarante mille hommes sous les armes. Mais S. M., notre auguste souverain, restreignit la quotité du royaume seulement à quatre régimens d'infanterie, quatre bataillons légers et un régiment de cavalerie, qui ne forment pas en état de guerre vingt mille hommes. L'armée proprement italienne, qui existait au mois d'avril 1814, était, malgré ses pertes, forte d'environ quarante-cinq mille hommes: on accorda des congés à beaucoup d'infirmes. On a tenté vainement de conserver parmi les soldats restés, à l'exception des Transpadens et des Modénais, un nombre suffisant pour maintenir lesdits régimens au moins complets sur le pied de paix; mais malgré le rappel des déserteurs et les mesures de douceur et de rigueur employées, on n'a jamais pu y parvenir. La conscription est donc devenue indispensable.

« Les régimens mis une fois au complet, pourront facilement réparer leurs pertes sans la plus petite charge, en employant la méthode en usage dans les autres États de S. M.; et il pourra y avoir de ces exceptions auxquelles suppléent, en Autriche, la landwehr, ainsi que l'enthousiasme général et les sentimens par lesquels la noblesse se trouve volontairement, plus que toutes les autres classes, appelée aux armes, sentimens qui portèrent tant de pères de familles nombreuses, non habitués à l'état militaire, à laisser toutes les aisances de la richesse et de leur état social, pour affronter les périls de la guerre.

« Il s'agissait de décider la question, si les annales de l'histoire devaient transmettre à la postérité que *les Italiens du royaume lombard-vénitien ne prirent aucune part à la consolidation de la paix générale de l'Europe*, et si l'on devait supposer aux peuples de ce royaume le désir de se soustraire au devoir le plus sacré, dans un moment où ils étaient défendus de l'invasion d'une milice dévastatrice, et où les valeureux Piémontais, les Parmesans, les Toscans et les Modénais ont donné le plus bel exemple.

« La négative étant décidée, la levée actuelle, quoique forte et onéreuse pour le présent, devient inévitable, mais cependant juste et convenable à l'honneur national. Elle ne peut pas non plus nuire à l'agriculture, à laquelle ont été restitués beaucoup de bras à l'époque de la dislocation de la troupe du précédent gouvernement. »

Cette proclamation produisit son effet, et la conscription s'exécuta régulièrement et sans mot dire.

Nous n'entrerons point dans le récit de l'expédition de l'armée autrichienne en France à cette époque, car il répugnerait à notre cœur de rappeler des scènes douloureuses, quoique cette armée fût destinée pour la plus sainte et la plus juste des causes.

Revenons aux affaires d'Italie.

La cour de Naples ne perdait point de vue Murat, qu'elle faisait épier et qu'elle entourait d'émissaires. Celui-ci, qui se persuadait que les Napolitains l'adoraient et soupiraient après son retour, y pratiquait encore des machinations, qui furent bientôt découvertes ; l'on résolut de le faire tomber dans ses propres filets, et voici comment on s'y prit.

Le ministre de la police fit dresser une proclamation dans laquelle il était dit que les peuples du royaume de Naples, fidèles à leur serment, ne pouvaient plus reconnaître la race des Bourbons pour leurs souverains légitimes; que le congrès de Vienne avait reconnu Joachim Murat pour roi de Naples; qu'aucune autre décision n'en avait prononcé la déchéance, et qu'en conséquence ils demandaient hautement le rappel de ce prince bien-aimé, etc. etc. Cette proclamation, faite au nom du peuple, fut signée par les principaux employés du gouvernement de Murat, et notamment par Carascosa. Elle fut envoyée à Murat par un de ses plus intimes affidés, ou du moins qu'il regardait comme tel. Dans le même-temps, le podesta du Pizzo lui écrivit (d'après un ordre secret et positif) en ces termes :

« Sire,

« Votre Majesté sait à quel point mon dévoûment pour son auguste personne a toujours été porté; elle connaît aussi quelle doit être ma reconnaissance pour les bienfaits dont elle m'a comblé : qu'elle daigne en voir une preuve sincère dans cette circonstance.

« Votre Majesté est sans doute instruite de ce qui se passe dans son royaume ; élan généreux, et déclaration aux yeux de l'Europe, en faveur d'un prince chéri, dont il demande hautement la rentrée et le retour au milieu de nous!!

« Votre Majesté viendra aborder au Pizzo; aussitôt elle m'enverra la moitié de cette lettre. Je serai non loin de là, et je viendrai la rejoindre à la tête d'une force armée respectable, avec laquelle elle marchera en triomphe jusque dans sa capitale.

« Hâtez, sire, ce moment fortuné, qui sera le plus beau pour son peuple, et le jour le plus heureux pour le plus dévoué de ses sujets. »

Murat connaissait l'écriture du podesta de Pizzo, il savait aussi qu'il avait toujours été l'un de ses partisans les plus zélés. A la réception de ces deux pièces, il éprouva une émotion extrême, et son esprit restait en suspens sur ses projets ultérieurs. Mais ses amis, ainsi que les espions napolitains qui, sous l'air de réfugiés, étaient allés le rejoindre, le décidèrent enfin à tenter la fortune, à l'exemple de son beau-frère. Il fit équiper secrètement six gondoloni ou grandes barques, et s'y embarqua le 28 septembre, pendant la nuit, avec deux cents hommes armés, et une trentaine d'officiers. Il avait pris des vivres pour huit jours.

Une tempête assez forte, qui arriva la nuit du 30, sépara la flottille sur les côtes de Sorrento. Le 4 octobre, on aperçut une barque, que l'on crut barbaresque et appartenir à la flotte tunisienne qui croisait dans ces parages ; elle paraissait chercher ou attendre d'autres bâtimens. Le 5, on en signala une semblable dans le golfe de Salerne, où elle fut rejointe par deux autres. Le 6, Murat, avec le général Franceschini, un colonel, et environ cent cinquante hommes armés, débarqua effectivement au Pizzo, sur la côte de Calabre, non loin de Monteleone, à cinquante lieues environ de Naples. Il laissa quarante hommes et quelques officiers sur deux barques, et leur ordonna de le suivre en longeant la côte. Il se transporta aussitôt sur la place, et demanda le podesta. On lui annonça qu'il était absent, mais peu éloigné de la ville. Murat lui expédia sur le champ un homme sûr avec la moitié de sa lettre, suivant ce qui était convenu ; en même-temps il rassembla le peuple, et lui ordonna de crier : *Vive le roi Joachim !* en lui disant qu'il était le roi légitime, et qu'il revenait prendre possession de ses États. Il y eut quelque moment d'incertitude dans la contenance de la population; on entendit même des cris de *vive Joachim!* Peu de temps s'était écoulé, lorsqu'on vit arriver une colonne de paysans et de troupes qui descendaient la montagne. Murat se porta en avant avec son escorte, croyant que c'était le podesta qui venait à sa rencontre; mais il fut bientôt terriblement désabusé, lorsqu'au premier *qui vive?* il fut accueilli par une décharge qui lui tua et blessa une partie de ses gens. Il voulut se mettre en défense, mais il fut aussitôt enveloppé de toutes parts: on se saisit de lui et on le conduisit sur le champ au général Nunziante, commandant de la Calabre, qui était à Monteleone; on le renferma dans la citadelle. Le 13 au matin, il parut devant un conseil militaire qui le condamna à mort, et le même jour il fut fusillé dans les fossés de la citadelle, à quatre heures après midi; peu s'en fallut que, dans le premier moment de son arrestation, il ne fût massacré et mis en pièces par des Siciliens qui demandaient à grands cris de lui arracher le cœur.

Le 10, un détachement de barques canonnières s'empara d'une partie de la flottille de Murat. Les équipages déclarèrent qu'en s'embarquant à Ajaccio, celui-ci leur avait dit qu'il voulait aller à Tunis, mais qu'étant arrivés à la hauteur du cap Carbonaro, il leur avait ordonné de faire voile vers les côtes de Calabre.

Ainsi périt celui qui avait lui-même présidé le tribunal infâme qui osa prononcer l'arrêt de mort contre l'illustre rejeton des Condés, dans les prisons de Vincennes, prince infortuné, qui, enlevé du milieu d'une terre étrangère et contre le droit sacré des gens, par la trahison la plus infâme, fut entraîné dans les fers, et sacrifié à la haine du tyran de l'Europe : crime affreux, inutile à son auteur, et qui commença à inspirer contre lui la haine et l'horreur de tous les gens de bien.

Cet exemple, d'une juste sévérité, a été le seul qu'on ait eu à donner, dans le royaume de Naples, où l'ordre et la tranquillité n'ont pas été troublés un instant depuis le retour du légitime souverain, qui est remonté paisiblement sur le trône de ses pères.

Terminons ces Mémoires en relevant les erreurs dans lesquelles est tombé M. De Pradt, sur l'état politique actuel de l'Italie. Voici ce qu'il a publié à ce sujet dans son *Histoire du congrès de Vienne :*

« L'Italie sera, dit-il, fort chère à garder par l'Autriche; elle est d'une fidélité douteuse, et embarrassante à régir dans son intérieur. Le nombre des Italiens réunis est trop grand pour n'être pas inquiétant. Ce sera d'eux nécessairement qu'il faudra se servir pour les places de l'administration et pour les tribunaux de leur pays ; ils seront donc toujours les maîtres chez eux, et les maîtres de leurs maîtres : on voudra sûrement leur donner une constitution particulière, elle ne fera qu'aggraver en eux le sentiment de leur état. Ils se rassembleront pour parler de leurs douleurs.

« L'Italie a subi un pénible rajeunissement.

« La France se l'était appropriée en grande partie : elle s'était adjugé le littoral de la Méditerranée jusqu'au royaume de Naples. Cet établissement n'était pas bon.

« La création du royaume d'Italie par Buonaparte, était dépourvue de prévoyance. On a pu louer cette acquisition, non comme politique, mais comme morale, par l'épuration qu'elle avait portée en Italie, et par les sources de bonheur et de richesses qu'elle y avait ouvertes.

« Le crime avait disparu d'une terre qu'on avait jusque-là regardée comme sa patrie. Il y est rentré à la retraite des Français; peut-être n'ont ils jamais reçu un plus bel hommage.

« Gênes a été réunie au Piémont, malgré son aversion pour lui. Cette acquisition ne donne pas à ce royaume une force réelle, encore moins une force relative avec celle de ses voisins.

« Le bon ordre de l'Europe exigeait qu'il fût établi en Italie un royaume qui eût commencé à l'Isonzo, et qui se fût terminé aux Alpes et aux États du pape. Alors l'Italie était formée de trois États : ce royaume, les États du pape et ceux de Naples. Avoir négligé cet établissement, c'est avoir créé pour l'Autriche même de grands embarras, en lui donnant celui de garder une grande masse de sujets d'une affection douteuse.

« Les Italiens, réunis dans la même famille, avaient mis en commun leurs affections. L'Italie s'est prononcée contre l'attribution que l'Autriche entendait s'en faire; il faut que celle-ci y prenne garde. Cette Italie, qu'elle subjugue si facilement, n'est plus la Lombardie, qu'elle possédait depuis un siècle à peu près ; alors elle n'avait pas Venise, dont la réunion avec le Milanez forme une masse de puissance et de population qui équivaut au volume d'une nation. Les Italiens d'aujourd'hui ne sont plus les Milanais, les Vénitiens et les Génois de il y a vingt ans. L'Italie sommeillait; elle s'est réveillée. Le sentiment de l'indépendance a fait de si grands progrès dans cette contrée, que dans la suite des temps il pourrait bien résulter, de la gêne qu'on leur fait subir actuellement, une réunion générale de l'Italie dans une seule et même souveraineté. Le besoin de mettre un terme à toutes les vexations, de cesser de servir d'aliment à la cupidité des uns, aux vues intéressées des autres, pourrait bien amener les Italiens à une résolution à laquelle, hors quelques intéressés, l'univers applaudirait.

« Il n'est pas bien assuré que l'Autriche ait toujours à gagner à cet arrangement, si avantageux pour elle en apparence, car l'Italie va devenir chère à garder : une partie considérable des forces de l'Autriche doit y être employée.

« Dira-t-on que l'Autriche accordera à l'Italie une constitution libérale, et la mettra sur le même pied que la Hongrie? Eh bien, ce qu'elle donnera à l'Italie comme une consolation, deviendra une arme contre elle-même. Qu'on attende un moment d'embarras de la part de cette puissance, qu'on laisse agir les excitations étrangères, et l'on verra ce que feront des millions d'Italiens, formés à discuter leurs intérêts et leurs droits.

« Le dernier rejeton de la maison d'Est occupe Modène, petite souveraineté à laquelle sa race va manquer. »

Telles sont les réflexions que M. De Pradt a publiées sur l'état politique de l'Italie. Elles sont le fruit des rêveries de l'auteur, et bien éloignées de la vérité. Nous qui habitons cette belle partie de l'Europe depuis plus de vingt ans, nous allons en tracer un tableau politique plus vrai.

Les Français, en conquérant l'Italie, y apportèrent leur activité, leur industrie et le goût des arts de luxe. Les impositions dont ils la frappaient étaient en grande partie consommées dans le pays par les armées et les employés. Milan fut la ville qui tira le plus d'avantages de la révolution italienne. Les Français ne l'eurent pas plutôt occupée, qu'on y vit affluer l'or de toutes les provinces, le commerce y prit une activité jusqu'alors inconnue, la ville s'embellit d'édifices publics et privés, une police plus surveillante s'y établit; cette ville reçut un bien plus beau lustre encore lorsqu'elle devint capitale d'un royaume. Une cour brillante, un conseil-d'état, un sénat, un corps-législatif, des ministres, des administrations civiles et militaires, des tribunaux ajoutèrent quinze mille habitans à sa population déjà nombreuse.

Le gouvernement français retirait trente

millions du royaume d'Italie; mais il y entretenait une armée pour le défendre et pour y maintenir l'ordre. Il établit des hôpitaux militaires, dont il avait besoin (1); il fit construire des casernes superbes; il embellit Milan de plusieurs promenades, d'un cirque magnifique, et de quatre belles portes, dont la plus somptueuse en architecture et en sculpture, fut ouverte du côté par où Buonaparte, descendant en 1800 du Saint-Bernard, vint gagner la bataille de Marengo: on la nomma l'*Arc de la Victoire;* il fit ouvrir quelques grandes routes, un ancien canal de navigation, comblé depuis trois siècles; il fit terminer l'église du Dôme, l'une des merveilles de l'architecture gothique, et fonda à la place des institutions de charité détruites, une école vétérinaire, un collège militaire pour les orphelins, un musée, où

---

(1) Les pauvres de la Lombardie, depuis deux ou trois siècles, en avaient un immense, très-bien doté et fort bien servi. Quoique Buonaparte eût dérangé ses finances, il a continué de rendre autant de services, par l'effet de la généreuse charité des Milanais.

il rassembla, en détruisant les églises et les couvens, des tableaux de Raphaël, de Guercino, de Léonard de Vinci, du Corrège, de Paul Veronèse, enfin des plus grands maîtres d'Italie; Pavie vit favoriser son université, qui fut toujours si florissante; une superbe fonderie de canons et une école militaire y furent établies; Modène vit naître et fleurir une école polytechnique; l'instruction publique fut organisée suivant les idées du siècle; des maisons d'éducation furent établies dans toutes les villes principales, pour les jeunes gens et pour les demoiselles; l'industrie française y apporta toutes ses ressources. C'est ainsi que l'on vit s'établir des taneries, des corroieries, des fonderies de bronze, des dorures sur métaux, des manufactures de plaques, des fabriques de bijouteries, de botteries, d'instrumens de mathématiques, enfin de beaucoup d'objets que le pays tirait jadis de la France, dont il était tributaire.

Les Français avaient enlevé quelques livres des bibliothèques, mais les commissaires Repecon et Rossejean, hommes peu instruits, avaient borné leur enlèvement à des objets de peu d'importance, sur-tout dans la bibliothèque de Monza, dont le chanoine Mautegazza avait caché les manuscrits les plus précieux. Le gouvernement donnait à la bibliothèque de Brera, tous les ans, une somme assez considérable pour qu'elle pût faire de nouvelles acquisitions. Telle était la situation de l'Italie en 1812. Le royaume Lombard avait déjà une armée nationale formée à l'école des Français, qu'elle rivalisait en courage et en discipline. Les sciences avaient pris un grand essor, et les arts se perfectionnaient par les encouragemens qu'on leur donnait.

Les Italiens n'ont pas cette énergie nécessaire à un peuple qui veut conquérir et conserver son indépendance et son rang parmi les nations de l'Europe. Ils ne pouvaient le faire qu'avec l'aide d'une puissance capable de les maintenir tels, et de les défendre contre les entreprises du Piémont et de l'Autriche, leurs voisins; ils ne peuvent rien par eux seuls. Leur armée a été disloquée; une partie de leurs meilleurs soldats a trouvé la mort dans les déserts glacés de la Russie ; une autre est au service de la cour d'Autriche. Les meilleurs officiers-généraux sont aussi au service de cette puissance, et employés loin de leur patrie.

L'Autriche a divisé le royaume d'Italie en deux gouvernemens, afin de mieux isoler les intérêts de ce peuple : d'ailleurs vit-on jamais une union intime parmi les Italiens ? Les Lombards, les Vénitiens, les Parmésans, les Bolognais ne se regardent-ils pas entr'eux comme de véritables étrangers, et tels qu'un Français peut regarder un Anglais ? Le Milanais n'appelle compatriote que ce qui est de son diocèse. L'habitant de Pavie, de Lodi, de Crémone, de Bergame, est aussi étranger pour lui qu'un Français. Les villes du royaume d'Italie voyaient d'un œil jaloux que Milan en fût la capitale, et qu'elle aspirât l'or des autres provinces. Milan ne pouvait supporter que des sujets de Venise, de Vérone, de Modène, de Bologne, etc., occupassent les premiers emplois. On ne doit nullement craindre chez les Italiens ceux qu'on appelle les *indépendans*, parce qu'ils manquent d'énergie. S'ils en avaient eu, ils auraient sans doute profité de la dernière invasion de Murat, pour tomber sur les derrières de l'armée autrichienne, qui se serait trouvée dans la position la plus critique ; ils auraient occasionné par là une diversion puissante en Italie : l'armée française des Alpes aurait alors facilement pénétré dans le Piémont, où elle aurait trouvé de nombreux partisans. Qui sait jusqu'à quel point un tel évènement aurait influé sur les affaires des alliés en France? Mais les *indépendans* du royaume d'Italie ayant laissé échapper cette occasion, qu'ils ne retrouveront plus, ils doivent renoncer pour jamais à faire un corps de nation ; toutes ses parties sont trop divisées de mœurs, d'opinions et d'intérêts, pour qu'il puisse agir d'un assentiment général. D'ailleurs, qu'on ne s'y trompe point ; si les Italiens n'aiment pas les Autrichiens, ils aiment encore moins les Français, qui avaient heurté trop vivement leurs institutions civiles et religieuses, et qui les tourmentaient par les réquisitions, les conscriptions et des changemens fréquens de lois et de manière de gouverner.

En supposant encore, avec M. l'abbé de Pradt, qu'ils eussent assez d'énergie et d'ensemble pour provoquer une révolution chez eux, secouer le joug de l'Autriche, et former un royaume indépendant, quel prince choisiraient-ils pour les gouverner? Ce ne serait certes point un Autrichien, ni un Français, pas même Eugène Beauharnais: ils n'iraient point demander à l'Angleterre ni à la Russie un souverain d'une religion différente de la leur. Désigneraient-ils un Borroméo? Les Visconti, qui tinrent jadis les rênes du gouvernement, ou autres familles anciennes, formeraient une ligue contre lui, parce qu'elles prétendraient toutes avoir des droits au trône; et l'on verrait revivre le siècle des Guelphes et des Gibelins. Se constitueraient-ils en république? Nous avons vu ce qu'ils ont fait sous un semblable gouvernement; d'ailleurs pourraient-ils se maintenir contre les prétentions de l'Autriche, sans être soutenus par une autre puissance assez respectable; et, dans ce cas, ne seraient-ils pas obligés de se rendre tributaires de cette puissance, qui, sans doute, ne leur prêterait pas gratuitement son appui?

Le royaume d'Italie, dans son état actuel, se trouve circonscrit par le Tesin, le Pô, les Alpes noriques et l'Adriatique; il ne forme que douze à quatorze provinces, divisées en deux gouvernemens indépendans l'un de l'autre. Ce pays, bien loin d'être à charge à l'Autriche, lui est, au contraire, en ce moment-ci, du plus grand secours, car elle en retire quarante-trois millions d'impôts, du blé, du riz, du maïs et autres denrées; elle y fait vivre sa cavalerie à bon compte; elle n'a besoin, tout au plus, que de vingt-cinq mille hommes pour tenir le pays en respect. En entretenant deux mille hommes à Milan, quatre mille à Mantoue, mille à Venise, autant à Vérone, de la cavalerie à Lodi, Créma, Crémone et Pavie, et quelques corps d'infanterie dans le Brescian et le Bergamasque, elle en a suffisamment pour garder ce royaume, dont les gouverneurs civils et militaires sont des envoyés de l'Autriche. Les emplois principaux sont occupés par des Allemands ou par des Italiens partisans déclarés de la cour d'Autriche.

François Ier a trop de sagesse pour donner à l'Italie une constitution semblable à celle de la Hongrie. En effet, il serait trop impolitique de se créer de semblables entraves, tandis qu'on peut exercer sur les Italiens un pouvoir absolu, le seul qui convienne chez eux. Il a redonné à ce peuple ses anciennes institutions, à peu de changemens près; il y a fait mettre en vigueur le code autrichien, dans lequel sont stipulées les peines infamantes du bâton et du fouet pour des délits de police correctionnelle: d'après cela, jugez combien M. l'abbé de Pradt est éloigné de connaître l'heureuse impossibilité où les Italiens sont de se remettre en révolution.

Ce n'est pas qu'il n'y ait parmi eux quelques têtes inquiètes qui, dans leur politique extravagante, voudraient réunir au Piémont la Lombardie, les États de Vénise, Parme, Plaisance, le Modenois, les Légations de Bologne et de Ferrare, la Marche d'Ancône, enfin la Romagne, pour n'en former qu'un seul royaume, borné à l'est par l'Adriatique, au sud par l'Appenin, à l'ouest et au nord par les Alpes ; mais ils voudraient que Milan en fût la capitale, et cet État formerait environ trente départemens et une population de près de douze millions. La maison de Savoie y serait régnante : et alors elle présenterait, avec la garantie des autres puissances, une masse de force assez grande pour en tenir l'Autriche exclue à jamais. Ce projet chimérique est celui principalement de quelques vieux politiques favorisés par Buonaparte, et qui croient peut-être qu'alors ils redeviendraient ce qu'ils étaient avec lui.

Ils affectent beaucoup de vanter le bonheur du Piémont, qui est content, en effet, sous un prince dont les ministres sont excellens. Les Génois, peut-être, n'aiment pas son gouvernement ; mais ils aimeraient moins encore les Français : il faut qu'ils se contentent de gémir sur leur ancienne indépendance, qui s'est évanouie avec celle de Venise et de Lucques, et qu'ils obéissent aux lois sous lesquelles on les a placés.

Le duc de Modène est chéri dans son petit État. Ce prince est jeune, sa femme est jeune aussi et douée de toutes les grâces de l'esprit et du corps. Nous ne savons pas comprendre comment M. l'abbé de Pradt a pu connaître et prophétiser que cette branche de la maison d'Est allait manquer de successeur. C'est un point de physiologie que nous n'entreprendrons point de discuter avec ce bon archevêque.

Le souverain pontife est rentré enfin dans le patrimoine de Saint-Pierre. Rome était bien lasse du gouvernement français, sous lequel elle allait tomber dans une ruine totale; et certes dans un siècle on aurait cherché ses traces au milieu des ronces et du désert, comme on cherche encore Ilion et le Scamandre. Tout y est rentré dans l'ordre sans secousse et sans bruit: Rome respire de nouveau sous des lois que la philosophie trouve conformes au siècle présent et aux mœurs actuelles.

La Toscane a revu avec joie le retour de son ancien Souverain, vrai père de famille qui regarde son petit peuple comme ses enfans : il gouverne en paix et se fait aimer et chérir de tous. Bien différent de l'insolente Eliza, qui, fermière de Buonaparte, traitait la Toscane comme un pays conquis, et les Toscans comme des nègres. Aussi n'a-t-elle emporté, en fuyant de cette terre de promission, que les exécrations de tout le peuple. Elle vit ignorée dans la Carinthie, en proie aux remords de sa conscience, si jamais elle en eut une. Puisse-t-elle, au milieu des rochers qu'elle habite, subir le sort de Prométhée!

Telle est, en général, la vraie situation politique actuelle des divers États d'Italie. M. l'abbé de Pradt assure que le crime y est rentré lorsque les Français l'ont abandonnée : c'est une atroce calomnie de monsieur l'archevêque; nous n'y voyons pas commettre plus de délits en ce moment qu'à l'époque de l'occupation des Français. Il existe dans chaque État une police très-active et surveillante; et celle de Milan, sur-tout aujourd'hui, est telle qu'elle pourrait servir de modèle à beaucoup de capitales. Il se commet, il est vrai, quelques vols sur les grandes routes de Naples, de Rome et du bas Piémont, mais ils sont assez rares, et l'on ne doit les attribuer qu'à la misère du temps. Les récoltes de tout genre ont manqué en Italie comme en France; on y cultive peu la pomme de terre; le commerce y est presque nul, comme dans une grande partie de l'Europe. Il ne faut donc pas s'étonner s'il s'y commet des vols; et ce n'est pas en Italie seulement que le brigandage s'exerce dans ces temps de calamité générale.

FIN.

Extrait du Catalogue des Livres qui se trouvent chez
J. G. DENTU, *Imprimeur-Libraire, rue des Petits-Augustins (ancien hôtel de Persan)*, n° 5;

Et au Palais-Royal, galeries de bois, n°ˢ 265 et 266.

GÉOGRAPHIE MODERNE, *rédigée sur un nouveau plan, ou Description historique, politique, civile et naturelle des Empires, Royaumes, Etats ; et leurs Colonies, avec celles des Mers et des Îles de toutes les parties du monde*, par J. PINKERTON et C. A. WALCKENAER, revue, corrigée et considérablement augmentée, principalement d'articles sur les langues, par *L. Langlès*, membre de l'Institut, l'un des administrateurs-conservateurs de la Bibliothèque royale etc. etc. Précédée d'une Introduction à la Géographie Mathématique et Critique et à la Géographie Physique, ornée de cartes et planches, par *S. F. Lacroix*, membre de l'Institut et de la Légion d'honneur, etc.; suivie d'un Précis de Géographie ancienne, par *J. D. Barbié du Bocage*, membre de l'Institut, Professeur de géographie et d'histoire à l'Université etc.; accompagnée d'un atlas grand in-folio, dressé par *P. Lapie*, d'après les autorités les plus récentes; avec une liste des meilleures Cartes et livres de Voyages. — Iʳᵉ et IIᵉ livraisons, formant deux volumes in-8, sur papier carré, fin, prix, avec les cartes en noir grand in-folio, 16 fr.

Le même, avec les cartes coloriées, 20 fr.
Papier vélin superfin, dont il y a très-peu d'exemplaires, 48 fr.

La première livraison contient l'Introduction à la Géographie-Mathématique, etc. ; la deuxième contient la description de l'Asie, jusques et compris l'Empire des *Barmas*.

ABRÉGÉ DE GÉOGRAPHIE MODERNE, rédigé par les mêmes auteurs; 1 vol. in-8. de 1300 pages, orné de 11 cartes coloriées, dessinées par MM. Arrowsmith et Lapie : ouvrage conforme à la division politique de l'Europe en 1811, et adopté pour l'instruction des Ecoles royales militaires de France, 12 fr.
Relié très-proprement en basane, dos brisé, 14 fr.

RECHERCHES sur l'origine et les progrès des Scythes ou Goths, servant d'introduction à l'Histoire ancienne et moderne de l'Europe ; traduit de l'anglais de J. PINKERTON ; 1 vol. in-8, orné d'une Carte du monde connu des Anciens, et gravée par *Tardieu*, 6 f.
Idem, vélin satiné, carte coloriée, 15 f.

CLINIQUE CHIRURGICALE, ou Mémoires et Observations de Chirurgie clinique, et sur d'autres objets relatifs à l'art de guérir ; par Ph. J. Pelletan, Chirurgien consultant de S. M., chevalier de la Légion d'honneur et de l'Institut de France, etc., etc., 3 v. in-8 sur pap. fin d'Angoulême, ornés de cinq planches dessinées et gravées par d'habiles artistes, 21 f.

NOUVELLE doctrine chirurgicale, où Traité complet de pathologie, de thérapeutique et d'opérations chirurgicales, d'après l'état présent des parties malades, des guérisons spontanées, et l'uniformité des méthodes curatives, par M. Léveillé, 4 vol. in-8 de 1900 pages, 25 f.

MEMOIRE sur l'état actuel de l'enseignement de la médecine et de la chirurgie en France, et sur les modifications dont il est susceptible ; par *le même*, in-4° 4 f.

ELEMENS d'ostéologie, de myologie et de la mécanique des mouvemens de l'homme, par *le même*, 2 v. 8°, pap. fin, 10 f.

EXPOSITION des principes et des procédés du Magnétisme animal, et de leurs rapports avec les lois de la physique et de la physiologie, publié avec des notes, par M. de Lausanne, 2 vol. in-8 10 f.

RECHERCHES, expériences et observations physiologiques sur l'homme dans l'état de somnambulisme naturel, et dans le somnambulisme provoqué par l'acte magnétique. Par M. de Puységur; 1 vol. in-8, 6 f.

MAGNÉTISME (du) animal, considéré dans ses rapports avec diverses branches de la physique générale, 1 v. in-8, par *le même*. 5 f.

APPEL aux savans observateurs du dix-neuvième siècle, de la décision portée par leurs prédécesseurs contre le Magnétisme animal, par *le même*, in-8, 5 f.

VÉRITÉS (les) cheminent, tôt ou tard elles arrivent, par *le même*, in-8, 50 c.

HISTOIRE critique du Magnétisme animal, par J. P. F. Deleuze, 2 vol. in-8, pap. fin, 10 f.

REPONSE aux objections contre le Magnétisme, par *le même*, in-8, 1 f. 50 c.

EXAMEN de l'ouvrage qui a pour titre : *Le mystère des magnétiseurs et des somnambules dévoilé aux ames droites et vertueuses, par un homme du monde.* Par M. Suremain de Missery, in-8, 2 f.

OBSERVATIONS relatives à la lettre de M. Friedlander, sur l'état actuel du Magnétisme en Allemagne, par M. le docteur Oppert, in-8, 1 f. 50 c.

REPONSE aux articles du journal des Débats (de M. Hoffmann) contre le Magnétisme animal, par M. L. B. de B., 75 c.

LETTRE de M. C.. à madame B... sur le Magnétisme, 75 c.

PATISSIER (le) royal parisien, ou Traité élémentaire et pratique de la pâtisserie ancienne et moderne, de l'entremets de sucre, des entrées froides et des socles; composé par M. Carême, de Paris. Ouvrage orné de 70 planches doubles dessinées par l'auteur, comprenant plus de 250 sujets; 2 vol. grand in-8, 20 f. — Papier vélin, 36 f.

MEMOIRES historiques de mon temps, pendant une grande partie du dix-huitième siècle; contenant le récit des principaux évènemens du règne de Georges III, des Notices sur Pitt, Fox, Shéridan, Burke, etc. Par sir William Wraxall, traduit de l'anglais par R. J. Durdent; 2 vol. in-8, 10 f.

MEMOIRES de lady Hamilton, ou choix d'anecdotes curieuses sur cette femme célèbre ; 1 vol. in-8º orné de son portrait, 5 f.

DU SYSTEME colonial de la France, sous les rapports de la politique et du commerce ; accompagné d'un tableau donnant la nomenclature technologique de tous les établissemens coloniaux et de commerce des Européens dans les autres parties du monde, par le comte de Hogendorp, 1 vol. in-8, 3 f. 75 c.

HISTOIRE de la révolution de Saint-Domingue, depuis le commencement des troubles, jusqu'à la prise de Jérémie et du môle Saint-Nicolas par les Anglais, suivie d'un mémoire sur le rétablissement de cette colonie. Par M. Dalmas; 2 v. 8º, 9 f.

CONSPIRATION de Buonaparte contre Louis XVIII, ou relation succincte de ce qui s'est passé depuis la capitulation de Paris du 30 mars 1814, jusqu'au 22 juin 1815, etc., par M. Lamartelière; 5e édition, in-8, 2 f.

CRIMES (les) de Buonaparte et de ses adhérens, ou les ennemis de l'autorité légitime en conspiration permanente; par F. T. D..., troisième édition, 2 f.

BUONAPARTE, ou l'abus de l'abdication, pièce historico-héroïco-romantico bouffonne, en cinq actes et en prose, ornée de danses, de chants, de combats, d'incendies, d'évolutions militaires, etc., troisième édition augmentée, in-8, 2 f. 50 c.

PRECIS historique de la vie et du procès du maréchal Ney, avec des notes et particularités curieuses sur sa carrière politique et militaire, ses derniers momens, et les campagnes de Portugal et de Russie, par F. F. C..., in-8, 1 f. 50 c.

CHANSONNIER royal, ou passe-temps des bons Français. Dédié aux gardes nationaux, 2e édit., 2 vol. in-12, 3 f.

MEMOIRE sur l'éclairage par le gaz tiré du charbon de terre, pour servir de complément à l'ouvrage de M. Accum sur le même sujet. Lu à l'Académie royale des sciences, le 9 décembre 1816, par M. Pelletan fils, in-8º, planche, 2 f.

NOUVELLES expériences sur la nature et les variations de l'aimant, relatives à la navigation, avec les planches nécessaires à l'intelligence de cet ouvrage ; par M. J. P. S. de Montferrier, 1 vol. in-8, 2 f. 50 c.

RIDEAU (le) levé, ou coup-d'œil général sur les prisons de Paris, offrant un grand nombre d'anecdotes sur les prisonniers de toutes classes qui y ont été détenus pendant 20 ans, 1 vol. in-12, jolie grav. 2 f. 50 c.

VOYAGES et séances anecdotiques de M. Comte (de Genève), physico-magi-ventriloque le plus célèbre de nos jours, 1 vol. in-12 orné de 3 gravures, 2 f. 50 c.

HISTOIRE de la guerre de l'indépendance des Etats-Unis d'Amérique, par M. Charles Botta; traduite de l'italien par L. de Sevelinges, 4 vol. in-8 ornés de cartes et plans, 30 f.
Il a été tiré 12 exemplaires papier vélin, 60 f.

MEMOIRES du marquis d'Argens, contenant le récit des aventures de sa jeunesse, des anecdotes et des observations sur plusieurs évènemens du règne de Louis XV et des personnes de ce temps; nouvelle édition, 1 v. in-8, 5 f.—Pap. vél., 10 f.

ETAT actuel de la Turquie, ou description de la constitution politique, civile et religieuse du gouvernement et des lois de l'Empire ottoman, des finances, des établissemens militaires de terre et de mer, des sciences, des arts libéraux et mécaniques, des mœurs, des usages et de l'économie domestique des Turcs et autres sujets du Grand-Seigneur, etc., par Thomas Thornton, 2 vol. in-8, 12 f.

VOYAGES dans l'intérieur de la Louisiane, de la Floride occidentale et dans les îles de la Martinique et de Saint-Domingue, pendant les années 1801, 1802, 1803, 1804, 1805 et 1806, contenant de nouvelles observations sur l'histoire naturelle, la géographie, les mœurs, l'agriculture, le commerce et l'industrie de ces colonies, par C. C. Robin, 3 forts vol. in-8, carte et fig., 18 f.

DE PARIS, des mœurs, de la littérature et de la philosophie, par J. B. Salgues; 1 gros vol. in-8, 6 f. 50 c.

MÉMOIRES de la princesse Caroline (la princesse de Galles, épouse du prince régent d'Angleterre), adressés à la princesse Charlotte, sa fille, publiés par Th. Ashe, écuyer, traduits de l'anglais sur la 4e édit., 2 v. in-8, ornés du portrait de la princesse de Galles, 10 f.

Il a été tiré quelques exemplaires papier vélin d'Annonay, cartonnés à *la Bradel*, 24 f.

PORTRAITS et caractères de personnages distingués de la fin du dix-huitième siècle, suivis de pièces sur l'histoire et la politique, par M. Senac de Meilhan; précédés d'une Notice sur sa personne et ses ouvrages, par M. le duc de Lévis, pair de France, 1 vol. in-8 sur pap. carré fin d'Auvergne, 5 f.

ELEGIES (les) de Tibulle, traduites en vers français, par M. Carondelet-Potelles, avec le latin en regard; 1 vol. in-8, imprimé sur pap. superfin, avec le portrait de Tibulle, gravé en taille-douce, 4 f. 50 c. — Papier vélin, 9 f.

MORT (la) de Loizerolles, ou le triomphe de l'amour paternel, poëme en trois chants, accompagné de notes historiques, par M. de Loizerolles fils; 1 vol. in-18, pap. grand-raisin fin, 3 f.

MUSIQUE (de la) dramatique en France, ou des principes d'après lesquels les compositions lyri-dramatiques doivent être jugées; des révolutions successives de l'art en France, de ses progrès et de sa décadence, par M. Martine, 1 v. in-8, 5 f.

RECHERCHES sur l'identité des forces chimiques et électriques, par M. H. C. Œrsted, traduit de l'allemand par M. Marcel de Serres, 1 vol. in-8, 4 f. 50 c.

ANTHOLOGE sceptique, critique et récréatif, sur les sciences, les arts, l'histoire, la philosophie, la morale et les religions anciennes et modernes; par Georges Tarenne, 1 vol. in-8 sur pap. carré fin, cicéro neuf, 6 f.

VOYAGE à la Val-Sainte de Notre-Dame de la Trappe, dans le canton de Fribourg, en Suisse, peu de temps avant que Buonaparte ordonnât la dissolution de ce monastère et l'extinction de l'ordre des Trappistes dans les cantons helvétiques, par *le même*, 1 vol. in-8, 2 f. 50 c.

DICTIONNAIRE topographique des environs de Paris, contenant le département de la Seine en entier, et partie de ceux de Seine-et-Oise, Seine-et-Marne et l'Oise, jusqu'à dix lieues et demi à la ronde de cette capitale (environ douze lieues de poste; par Charles Oudiette, 1 vol. in-8, carte, 7 f. 50 c.

LUSIADE (la) de Louis Camoëns, poëme héroïque en dix chants, traduit du portugais; avec des notes et la vie de l'auteur, par Laharpe, nouvelle édition, 2 vol. in-12, 5 f.

CONTES à mon fils, par Maria Edgeworth, traduit de l'angl. par T. P. Bertin; 2 gros vol. in-12, pap. fin d'Angoulême, ornés de 7 jolies grav. 6 f. — Pap. vélin, 12 f.

CONSEILS à mon fils, contenant les deux Familles, la Chaumière de Rosanna, le Nègre reconnaissant, le Turban, Edgard et Alfred; traduit de l'anglais par *le même*, 2 vol. in-12 ornés de 12 jolies gravures, 8 f. — Papier vélin, 16 f.

ENFANS (les), contes à l'usage de la jeunesse, par madame Pauline-Guizot, 2 vol. in-12 ornés de 14 jolies grav. 8 f.

ECOLE de l'enfance, ou lectures d'une bonne mère à sa petite famille, trad. de l'angl., par T. P. Bertin; 2 vol. in-18 ornés de 8 jolies gravures, 3 f.

QUI DES DEUX a raison? ou la leçon de danse, comédie en un acte et en vers, par M. A. J. Dumaniant, 1 f. 50 c.

MINISTRE (le) anglais, comédie en 5 actes et en vers, par L. Riboutté, 2 f.

HELOISE, drame en trois actes et en vers, par André Murville, 1 f. 50 c.

NOUVEAU système de navigation, ayant pour objet la liberté des mers pour toutes les nations, et la restauration immédiate de notre commerce maritime, au sein même de la guerre actuelle (1811), par le marquis de Ducrest, 1 v. in-8 2 f.

ANGELO Guicciardini, ou le bandit des Alpes, par Sophie Frances, auteur de la *Sœur de la miséricorde*, trad. de l'angl. par R. J. Durdent, 6 vol. in-12, 15 f.

WALTHER, ou l'enfant du champ de bataille, par Auguste Lafontaine, trad. de l'allem. par M. Vilmain, 4 v. in-12, 9 f.

PARC (le) de Mansfield, ou les trois cousines; trad. de l'angl. par *le même*, 4 vol. in-12, 8 f.

SARSFIELD, ou égaremens de jeunesse, par J. Gamble, 3 v. in-12 trad. de l'anglais par *le même*, 5 f.

JULIE de Lindau, ou volonté, nature et destinée, par C. Streckfuss. Trad. de l'allem. par *le même*, 2 v. in-12, 4 f.

HABIT (l') de cour, ou le moraliste de nouvelle étoffe, par M. Armand S..., 3 vol. in-12, 6 f.

ATHANASIE de Réalmont, par madame Louise de Saint-L..., auteur d'*Eugénio et Virginia*, 2 v. in-12, 4 f.

WERTHER (le) de Venise, 2 vol. in-12, pap. fin, 4 f.

TELAMON et Pholoé, ou les malheurs de la curiosité, par M. Delaunay de Boislucas, 1 vol. in-18, 1 f. 50 c.

MADAME de Valnoir, ou l'Ecole des familles, par Ducray-Duminil, 4 vol. in-12, fig. 9 f.

ELMONDE, ou la Fille de l'Hospice, par *le même*, 5 v. in-18, ornés de jolies gravures, 6 f.

JULES, ou le Toit paternel, par *le même*; 4 vol. in-12 ornés de jolies gravures, 9 f.

LE PETIT CARILLONNEUR, par le même; 4 vol. in-12, figures, 9 fr.

FORET (la) de Montalbano, par l'auteur des *Visions du château des Pyrénées*, trad. de l'anglais par madame P...., 5 vol. in-12, fig. 10 f. 50 c.

LE COMTE de Waldheim et son intendant Wildman, frère d'Emmerich, traduit de l'allemand par madame Isabelle de Montolieu, 4 vol. in-12, 8 f.

SIDONIA, ou le refus, par miss Singleton, traduit de l'angl. par l'auteur de la *Sœur de la Miséricorde*, 4 v. in-12, 8 f.

LE VOILE, ou Valentine d'Allé, 3 gros vol. in-12, 7 f. 50 c.

BLANCHE et Minna, ou les Mœurs bourgeoises; traduit de l'allemand d'Auguste Lafontaine, par M. Breton, 4 v. in-12, pap. fin, 8 f.

AMELIE, ou le Secret d'être heureux, par Auguste Lafontaine, traduit de l'allemand par *le même*, 2 v. in-12, 4 f.

SAINT-CLAIR, ou l'héritière de Desmond, par miss Owenson, trad. de l'anglais par M..., 2 vol. in-12, 4 f.

SARA, ou le Danger des passions, histoire américaine, par M. d'Al..., 1 vol. in-12, 2 f.

LEON Désarcis, ou le Danger des femmes, par M. Fortune, 1 gros vol. in-12, 3 f.

FLORICOUR, ou l'homme à la mode, par *le même*; 2 vol. in-12, 4 f.

DANGER (le) d'un premier amour, suivi de Thélaïre, de Vernillo et de l'inconduite, 2 vol. in-12, 4 f.

ALINE DE RIESENSTEIN, par Auguste Lafontaine 4 v. in-12, 8 fr.

BARNECK ET SALDORF, ou le triomphe de l'amitié, par le même; 3 vol. in-12, 6 fr.

NOUVELLE (la) ARCADIE, par le même; 4 v. in-12, 8 f.

LES SOIREES BRETONNES, ou la famille de Keralbon; 3 vol. in-12 fig. 6 fr.

ALBERT ET ERNESTINE, ou le pouvoir de la maternité, 2 vol. in-12, 4 fr.

MONASTERE (le) de Saint-Columba, ou le chevalier des Armes rouges; 3 vol. in-12, 5 fr.

ROSE et Albert, ou le tombeau d'Emma, par madame Keralio-Robert; 3 vol. in-12, 5 fr.

TOMBEAU (le) mystérieux, ou les familles de Hénarès et d'Almanza; 2 vol. in-12, 4 fr.

FLEETWOOD, par W. Godwin; 3 vol. in-12, traduit de l'anglais, par M. Villeterque, 6 f.

LE BRIGAND DE VENISE; par *Lewis*, auteur du *Moine*; 1 vol. in-12, 2 f.

LES ORPHELINES de Werdenberg, par le même; 4 v. 8 f.

HISTOIRES, Nouvelles et Contes moraux, par M. de Sévelinges, traducteur de Werther, 2 f. 50 c.

MALEDICTION (la) ou l'Ombre de mon père, par mistriss Bennet; 5 vol. in-12, 10 f.

HENRY SAINT-LEGER, ou les caprices de la fortune, 3 vol. in-12, 5 f.
LE JOUR DE NOCES, 3 vol. in-12, 5 f.
CONSTANCE DE LINDENSDORFF, ou la tour de Wolfenstadt, 4 vol. in-12, 8 f.
SAVINIA RIVERS, ou le danger d'aimer, 5 v. in-12, 10 f.
LA FORET DE HOHENELBE, ou Albert de Welzlar; 5 vol. in-12, 10 f.
CONTEUR (le) DE SOCIÉTÉ, ou les trésors de la mémoire, 2 vol. in-12, fig., nouv. édition (*sous presse*), 4 f.
ALIDE ET CLORIDAN, 2 vol. in-12, fig. 4 f.
CHARLES DE FLEVAL, 2 vol. in-12, 3 f.
NARCISSE ou le Château d'*Arabit*, 3 v. fig. 5 f.
MAURICE, ou la maison de Nantes, roman, par M. Dupuy; 3 vol. in-12, 5 f.
JULIE DE SAINT-OLMONT, ou les premières illusions de l'amour, roman français, par Madame ****; 3 vol. in-12, 6 f.
AMELIE de *Tréville*, par la même; 3 vol. in-12, 5 f.
RELIGIEUSE (la) ET SA FILLE, 2 vol. in-12, 4 f.
SOEUR (la) DE LA MISERICORDE, 4 v. in-12, 8 f.
L'INCONNU, ou la Galerie mystérieuse, 5 v. in-12, fig. 10 f.
LUCIE OSMOND, ou le danger des Romans, 1 v. fig. 2 f.
CONSTANTINE, ou le danger des préventions maternelles, par M. L. J. A. 3 gros vol. in-12, fig. 6 f.
LADOUSKI ET FLORISKA, ou les Mines de Cracovie, roman polonais, par L*** 4 vol. in-12, 9 f.
LA FILLE DU HAMEAU, par l'auteur des Enfans de l'Abbaye; nouv. édit. 4 v. in-18, fig. 5 f.
HILAIRE ET BERTHILLE, ou la Machine infernale de la rue Saint-Nicaise, 1 vol. in-12, fig. 2 f.
Les Erreurs de la Vie, ou les grandes passions sont la source des grands malheurs, 2 vol. in-12, fig. 4 f.
Léontine, ou la Grotte allemande, faits historiques qui se sont passés en Allemagne, 2 vol. in-12, fig. 4 f.
Toni et Clairette, par M. de la Dixmerie, 4 v. in-18, fig. 4 f.
Le Pélerin de la Croix; par ELISABETH HELME, traduit de l'anglais; 3 vol. in-12, 6 f.
Léonora, par mistriss EDJEWORTH, traduit de l'anglais, 3 vol. in-12, 6 f.
L'Abbaye de Lussington, traduit de l'anglais de M^e. Rouvière, 3 vol. in-12, 6 f.
Adelina Mowbray, par le même; 3 vol. in-12, 6 f.
Le Père et la Fille, par mistriss Opie, 1 v. in-12, fig., 2 f.

ŒUVRES COMPLÈTES DE P. J. BITAUBÉ, 9 v. in-8°
L'ILIADE ET L'ODYSSÉE D'HOMÈRE, 5e édit., revue, corrigée avec le plus grand soin, et augmentée de plusieurs remarques; ornée du portrait d'Homère, gravé par Saint-Aubin; du bouclier d'Achille, et de la Carte homérique, pour servir à l'intelligence du texte, et d'une Notice sur la vie et les écrits de Bitaubé, et de son portrait.
JOSEPH, 7e édition, revue et corrigée, 1 vol.

LES BATAVES, nouvelle édition entièrement refondue.
HERMAN et DOROTHÉE, traduit de l'allemand de Goëthe;
suivi de plusieurs Mémoires sur la littérature des anciens.
Prix des 9 vol. brochés et étiquetés . . . . . 45 f.
Pap. grand raisin, ... 70
Pap. carré vél. d'Annonay, ... 90
Pap. gr. raisin vélin superfin, *dont il n'a été tiré
que très-peu d'exemplaires,* 135
Il y a quelques exemplaires, avec les eaux-fortes
et les portraits avant la lettre, ... 150
La Carte homérique sera aussi donnée aux personnes qui prendront les trois derniers volumes, pour compléter les anciennes édit. d'Homère.

LEÇONS élémentaires de Chimie, à l'usage des Lycées; ouvrage rédigé par ordre du Gouvernement; par P. A. Adet;
1 gros vol. in-8° 6 f.
LEÇONS élémentaires de Botanique, à l'usage des Cours publics et particuliers et des Ecoles ou Lycées; par J. C. Philibert; 1 vol. in-8° 6.f.
Le même, orné de 10 planches coloriées, 8 f.
HISTOIRE naturelle abrégée du ciel, de l'air et de la terre,
par *le même*; 1 vol. in-8° grand-raisin, orné de 11 planches,
7 fr. 50 c.
ABREGE de l'histoire de Russie, depuis son origine jusqu'au
traité de paix de Tilsit; 2 vol. in-12 ornés de la carte de la
Russie, 5 f.
AVENTURES DE TELEMAQUE, avec les notes mythologiques de M. Noël; 4 vol. in-18 ornés de 25 gravures et d'une carte pour servir aux voyages de Télémaque et d'Ulysse, 10 f.
Pap. vélin, 20 f.
Le même, avec les notes critiques et historiques., 12 f.
Pap. vélin, 24 f.
TELEMACHIADOS libros XXIV e gallico sermone Fénélon, in latinum carmen transtulit Stephanus-Alexander Viel. Un vol. in-12, pap. vélin (*rare*).
LE GENIE de Bossuet, ou Recueil des plus grandes pensées et des plus beaux morceaux d'éloquence répandus dans tous les ouvrages de cet écrivain; 1 vol. in-8° 5 f. — Pap. vél. 10 f.
L'ESPRIT des Orateurs chrétiens, ou la Morale évangélique;
extrait des ouvrages de Bossuet, Bourdaloue, Massillon, Fléchier et autres célèbres orateurs; 4 v. in-12 (*sous presse*), 5 f.
LETTRES ATHENIENNES, ou Correspondance d'un agent
du roi de Perse, à Athènes, pendant la guerre du Peloponèse;
traduites de l'anglais par A. L. *Villeterque;* nouv. édit., 4 v.
in 12, ornés de douze portraits et d'une belle carte de la
Grèce, grav. par *Tardieu*, revue par M. *Buache,* 12 f.
Il reste quelques exemplaires de l'édition in-8.° 3 v. 18
— *Idem*, papier vélin superfin d'Annonay, 36
FAUNE PARISIENNE, ou histoire abrégée des Insectes,
d'après la méthode de Fabricius, contenant la description
d'un grand nombre d'espèces et de genres nouveaux; précédée
d'un discours renfermant un abrégé d'Entomologie; par C.
A. WALCKENAER. Deux gros vol. in-8.° planches, 12 f.

VOYAGE AU CAP DE BONNE-ESPERANCE, contenant l'histoire de cette colonie, depuis sa fondation jusqu'en 1795, la description géographique et celle de toutes les productions du pays, etc., etc.; par *Robert Percival*; trad. de l'angl. par *P. F. Henry*. 1 vol. in-8.°; pap. fin, 5 f.
Idem, pap. vélin d'Annonay, 10

VOYAGES dans *l'Amérique méridionale*, par don Félix de AZARA; 4 vol. in-8° et atlas in-4° de 25 pl., 42 f.
Le même, pap. vélin, 84
Il y a quelques exempl. où les oiseaux et quadrupèdes sont coloriés d'après nature, 130 f.

VOYAGE EN ESPAGNE, par TOWNSEND; 3 vol. in-8° et atlas in-4° 30 f. — Pap. vélin, 60 f.

VOYAGE AU PEROU, faits dans les années 1791 à 1794; 2 vol. in-8° et atlas in-4°, 18 f. — Pap. vélin, 36 f.

VOYAGE à *l'île de Ceylan*, fait dans les années 1797 à 1800, contenant l'histoire, la géographie et la description des mœurs des habitans, ainsi que celle des productions naturelles du pays; par *Robert Percival*; suivi de la Relation d'une ambassade envoyée en 1800, au roi de Candy. Trad. de l'anglais par *P. F. Henry*. Deux vol. in-8.° ornés de cartes, 10 f.
Idem, pap. vél. 20

VOYAGES de *Frédéric Hornemann*, dans *l'Afrique septentrionale*; suivi d'Eclaircissemens sur la géographie de l'Afrique, par le major Rennell. Traduit de l'anglais, par ***, et augmenté de notes et d'un *Mémoire* sur les Oasis, par L. Langlès. Deux vol. in-8.° ornés de cartes gravées par B. Tardieu, sous la direction de M. Buache, 9 f.
Idem, pap. vélin d'Annonay, 18

VOYAGE EN HONGRIE, précédé d'une description de la ville de Vienne et des jardins impériaux de Schœnbrun, publié à Londres en 1797, par *Robert Townson*; traduit de l'angl. par *Cantwel*. Trois vol. in-8.°, ornés de la carte générale de la Hongrie, et de 18 planches gravées en taille-douce, 15 f.
Idem, papier vélin, 30

VOYAGE aux *Indes orientales et à la Chine*, fait par ordre de Louis XVI, dans lequel on traite des mœurs, de la religion, des sciences et des arts des Indiens, des Chinois, des Pégouins et des Madégasses, etc. Par SONNERAT, édition publiée d'après le manuscrit autographe de l'auteur; augmentée d'un précis historique sur l'Inde, depuis 1778 jusqu'à nos jours, de notes et de plusieurs mémoires inédits, par M. *Sonnini*. Quatre vol. in-8.° et atlas de 140 planches, représentant les mœurs et usages des Indiens, leurs divinités, une grande quantité d'oiseaux, fleurs, fruits, etc., 60 fr.
Le même, pap. vélin d'Annonay, 120
Le même ouvrage, format in-4.° pap. superfin d'Angoulême, avec les planches en regard du texte, 90
Il en a été tiré un très-petit nombre, papier superfin vélin, in-4.°, toutes les planches coloriées, 300

VOYAGE EN GRÈCE, par *J. L. S. Bartholdy*, fait dans les années 1803 et 1804; 2 vol. in-8, ornés de 15 planches et d'une carte de la Grèce, dressée par P. Lapie, 12 f.
Pap. vél. d'Annonay, 24 f.
VOYAGE *en Hanovre*, fait en 1803 et 1804; 1 gros vol. in-8°, 5 f. 50 c. — *Idem*, pap. vélin, 11 f.
VOYAGES *Physiques et Lythologiques dans la Campanie;* suivis d'un Mémoire sur la Constitution physique de Rome, etc. etc.; par *Scipion Breislak*; traduits par le général *Pommereul*. Deux vol. in-8° ornés de 6 belles cartes enluminées, 12 f.
Il a été tiré quelques exemplaires sur papier vélin, 24
VOYAGE *à la côte occidentale d'Afrique*, fait dans les années 1786 et 1787; contenant la description du Congo; suivi d'un voyage au cap de Bonne-Espérance, par *L. Degrandpré*. Deux vol. in-8.° ornés de 11 superbes figures, cartes, et du plan du cap de Bonne-Espérance, 12 f.
VOYAGE dans l'Inde et au Bengale, par *le même*, 2 vol. in-8° ornés de 7 belles gravures, plans, etc. 10 f.
VOYAGE *dans la partie méridionale de l'Afrique*, fait en 1797 et 1798, par *John Barrow*, contenant des observations sur la géologie, l'histoire naturelle de ce continent, etc; traduit de l'angl. par le même, avec des notes. Deux vol. in-8.° ornés d'une très-belle carte d'Afrique, 10 f. Pap. vélin, 20 f.
2.° VOYAGE, *du même*, en AFRIQUE; 2 vol. in-8.° ornés de 8 belles cartes, 12 f. Pap. vélin, 24 f.
VOYAGE PHILOSOPHIQUE *à Margate*, ou Esquisses de la nature; trad. de l'angl. de *G. Kaëte*. 1 v. in-8.°, fig. 4 f.
NOUVEAU VOYAGE *dans la haute et basse Égypte, en Syrie, et dans le Darfour*, contrée où aucun Européen n'avait encore pénétré, etc.; fait depuis 1792 jusqu'en 1793, par *G. W. Browne*; traduit de l'anglais sur la seconde édition, par *J. Castéra*. Deux vol. in-8.° ornés de cartes, vues, plans, etc. Pap. fin, 17 f. — Pap. vélin, 24 f.
VOYAGE DE LA TROADE, fait dans les années 1786 et 1787, par J. B. Lechevalier; troisième édition, considérablement augmentée. Trois vol. in-8.°, ornés d'un Atlas de 37 planches gravées par les premiers artistes, 30 f.
Papier grand-raisin, belles épreuves, 40
Pap. double, façon Hollande, 1.res épreuves, cartonnés, 50
Papier grand-raisin double superfin vélin, fig. avant la lettre, 72
VOYAGE *de la Propontide et du Pont-Euxin*, avec la carte générale de ces deux mers, etc. etc; par le même. Deux vol. in-8° 9 f. — Pap. vél. 15 f. *Idem*, avec les cartes enlum. 21 f.
VOYAGES *d'Alexandre Mackenzie*, dans l'intérieur de l'Amérique septentrionale, faits en 1789, 1793 et 1798, à la mer Glaciale et à l'Océan Pacifique; avec un Tableau du commerce des pelleteries dans le Canada; traduits de l'anglais par J. CASTÉRA, avec des notes du vice-amiral Bougainville. Trois forts vol. in-8.° ornés de cartes et portraits, revues par M. *Buache*, 16 f. *Idem*, papier vélin d'Annonay, 32 f.
— Le même ouvrage, en *anglais*, 2 v. in-8.° cartes et portrait, 16

VOYAGE en Allemagne et en Suède, contenant des observations sur les phénomènes, les institutions, les arts et les mœurs, des anecdotes sur les hommes célèbres, et le tableau de la dernière révolution de Suède ; par M. Catteau ; 3 vol. in-8º sur pap. fin, 12 fr.

Voyage de découvertes dans la partie septentrionale de l'Océan pacifique, fait par le capitaine W. R. BROUGHTON, 2 vol. in-8, ornés de cartes et vues, 10 f.

Le même, pap. vélin superfin, 20 f.

Voyage Sentimental en Suisse, par C. Hwass, fils, 1 v. in-18, orné d'une jolie gravure, 1 f. — Le même, in-12, 1 f. 50 c.

Voyage en Sicile et à Malthe, par Bridoyne ; 2 volumes in-12, carte, 5 f.

Voyage dans l'empire de Maroc et le royaume de Fez, en 1790 et 1791, par Lamprière ; 1 vol. in-8, cartes et figures, 5 f.

Voyage dans l'Inde, au travers du grand désert, par Alep, Antioche et Bassora, exécuté par le major Taylor, etc., traduit de l'anglais par L. Degrandpré ; 2 vol. in-8, avec carte, 2e édition, 10 f.

Voyage sentimental, ou les souvenirs d'un jeune exilé ; 2 vol. in-18, gravures et musique, 2 f.

Voyage en Portugal, fait depuis 1797 jusqu'en 1800, par M. LINK ; 3 vol. in-8, carte, 15 f.

Papier vélin, carte sur papier d'Hollande, 30 f.

Le Voyage de *Hoffmansegg*, formant le 3e volume, se vend séparément, 5 f.

Voyage au Sénégal, fait dans les années 1785 et 1786, par *Durand* ; 2 gros volumes in-8, atlas in-4, cartonné, de 44 planches ou cartes, 27 f.

Le même ouvrage, format in-4, 30 f.

Il y a quelques exempl. in-8, papier vélin, et atlas in-4, 54 f.

Voyage à l'ouest des monts Alléghanys, dans les Etats de l'Ohio, du Kentucki et du Tennessée, et retour à Charleston par les Hautes-Carolines ; par F. A. MICHAUX, M. D., 1 vol. in-8, carte, 6 f.

MELANGES DE LITTERATURE ; par J. B. A. Suard, secrétaire perpétuel de la classe de la langue et de la littérature françaises de l'Institut ; 5 v. in-8.º, sur carré fin, 2e édit. 21 f.

Idem papier vélin d'Annonay, 42 f.

Les tomes IV et V, 9 f. Pap. vél. 18 f.

RECHERCHES sur plusieurs monumens celtiques et romains, principalement sur les peuples Cambiovicenses de la carte Théodosienne, dite de *Peutinger*, etc. etc., par M. BARAILON, correspondant de l'Institut de France, etc. Un vol. in-8º, 6 f.

ŒUVRES *complètes de Vauvenargues*, nouvelle édition, augmentée de plusieurs ouvrages *inédits*, et de notes critiques et grammaticales, précédées d'une notice sur la vie et les écrits de Vauvenargues, par M. SUARD ; 2 vol. in-8.º, sur papier fin d'Angoulême, 10 f.

HISTOIRE critique de la République romaine, par Pierre-Charles Levesque ; 3 vol. in-8º 15 fr. — Pap. vélin, 30 f.

HELIOGABALE, ou esquisse morale de la dissolution romaine sous les Empereurs, 1 gros vol. in-8.º orné d'une belle gravure dessinée par *Guérin*, 6 f. — *Id.* vélin, 12 f.
DES DIVINITES GENERATRICES, ou *du culte du Phallus chez les anciens et les modernes*, etc., par Dulaure; 1 vol. in-8º, pap. fin, 5 f. — *Idem*, papier vélin, 10 f.
THÈMES ANGLAIS, ou théorie pratique de la langue anglaise, ouvrage propre à faire marcher la théorie de front avec la pratique; par Martinet; 1 vol. in-8, 3 f.
OSSIAN, fils de Fingal, traduit par Letourneur; nouvelle édition, augmentée d'un grand nombre de poésies; 2 v. in-8, fig. et portrait d'Ossian, 12 fr. — Pap. vél. superfin, 24 f.
SERMONS inédits du P. Bourdaloue, publiés par l'abbé Sicard; 1 vol. in-12, 3 fr. — *Le même*, in-8º 5 f.
PARIS dans le dix-neuvième siècle, pour faire suite au Tableau de Paris de Mercier, ou réflexions d'un observateur sur l'esprit public, la société, les ridicules, les femmes, les journaux, les théâtres, etc. Par P. Jouhaud, avocat; 1 vol. in-8º 5 fr.
COURS ELEMENTAIRE d'*Histoire universelle ancienne et moderne*, rédigé sur un nouveau plan, ou lettres de madame d'Ivry à sa fille; par mademoiselle M. de B.... Dix vol. in-12 sur pap. fin, ornés de 2 belles cartes de géographie ancienne et moderne, 30 f.
LETTRES HISTORIQUES, politiques, philosophiques et particulières de Henri Saint-John, lord vicomte BOLINGBROKE, depuis 1710 jusqu'en 1736; totalement inconnues en France, dont seulement une partie a été publiée en Angleterre, dans des ouvrages différens, en langue anglaise; collection imprimée sur les originaux de la main de BOLINGBROKE, contenant les secrets de la négociation de la paix d'Utrecht, avec une foule de détails très-variés sur l'histoire, la morale, la philosophie, la littérature et l'érudition, etc., par M. le général Grimoard, 3 vol in-8, fig. 18 f.
Il a été tiré quelques exemplaires en papier vélin, 36 f.
SOUVENIRS D'UN HOMME DE COUR, ou *Mémoires d'un ancien Page* ; contenant des anecdotes secrètes sur Louis XV et quelques-uns de ses ministres, sur les femmes, les mœurs, etc., etc.; suivis de notes historiques, critiques, littéraires; écrits en 1788, par ****. 2 vol. in-8º, sur pap. superfin, caractères neufs, 10 f.
OBSERVATIONS sur le voyage de BARROW à la Chine, en 1794; imprimé à Londres en mai 1804 ; lues à l'Institut par M *Deguignes*, résidant de France à la Chine, 1 f. 50 c.
DICTIONNAIRE géographique, par Vosgien, nouvelle édition augmentée de 600 articles, jusqu'au traité de Vienne; 1812, 7 f. 50 c.
SOIRÉES DE FERNEY, ou Confidences de Voltaire, recueillies par un ami de ce grand homme, et publiées par D***x. 1 vol. in-8.º 4 f. — *Idem*, papier vélin, 9 f.
VIE *polémique de Voltaire*, et histoire de ses proscriptions; suivie des pièces justificatives, par G***Y ; 1 vol. in-8.º, 5 f.
— *Idem*, papier vélin, 9

DE L'IMPOSSIBILITÉ *du Système astronomique de Copernic et de Newton*, avec cette épigraphe : *L'algèbre est le précipité de la pensée humaine ; la vérité n'est point dans des amplifications de trigonométrie :* mendaces filii hominum in stateris. Par L. S. Mercier, membre de l'Institut de France. Un vol. in-8°, pap. fin d'Auvergne, 4 f. 50 c.

ESSAIS DE POESIES, par *Fonvielle* aîné, de Toulouse, 2 vol. in-18, sur grand-raisin, 3 f.

MÉMOIRES *de Marie-Françoise Dumesnil*, célèbre actrice du Théâtre-Français, en réponse aux Mémoires d'Hypolite Clairon ; 1 vol. in-8°, orné du port. de *M. F. Dumesnil*, 5 f.

ROUTE DE L'INDE, ou Description géographique de l'Egypte, la Syrie, l'Arabie, la Perse et l'Inde; par *P. F. Henry*, 1 vol. in-8°, avec une carte géographique, 5 f.

CODE *des Eaux et Forêts*, extrait d'une analyse critique de l'ordonnance de 1669, etc. ; par *Forestier*, 1 f.

DES CAUSES *des Révolutions et de leurs effets*, ou Considérations historiques et politiques sur les Mœurs qui préparent, accompagnent et suivent les Révolutions ; par *J. Blanc de Volx*. 2 vol. in-8°, 9 f. Papier vélin, 18 f.

COUP-D'ŒIL *politique sur l'Europe, à la fin du dix-huitième siècle ;* par le même., 2 vol. in-8° 9 f.

L'HOMME ET LA SOCIETE, ou nouvelle théorie de la nature humaine et de l'état social, par Salaville, 1 v. in-8, 4 f.

ETAT *de situation des finances de l'Angleterre et de la banque de Londres,* au 24 juin 1802; par *de Guer*, in-4° 1 f. 50 c.

ABREGE *de l'Histoire d'Angleterre*, depuis l'invasion de Jules-César, jusqu'au règne de George III; traduit de l'anglais de *Goldsmith*, auteur du *Ministre de Wakefield*, etc., continué jusqu'aux derniers événemens de 1811; deuxième édition française, ornée de 36 portraits gravés en taille douce, et d'une carte géographique, 2 gros vol. in-12, pap. fin, 5 f.

Le même, papier vélin, 10 f.

HISTOIRE de Schinderhannes et autres brigands, dits garotteurs ou chauffeurs, etc. ; 4 vol. in-12, fig. (Sous presse.)

Art (l') *du parfumeur*, ou traité complet de la préparation des parfums, pommades, pastilles, odeurs, huiles antiques, essences, etc. ; 1 vol. in-8, papier fin, 6 f.

Introduction à l'étude de la botanique ; par Philibert; 3 vol. in-8, ornés de dix planches, 18 f.

Le même, avec les figures coloriées d'après nature, 21 f.

Le même, grand-raisin double, figures coloriées, 42 f.

Nouvelle chimie du goût et de l'odorat, ou l'art de composer les liqueurs à boire et les eaux de senteurs ; 2 v. in-8, fig. 12 f.

Ecole (l') *du jardin potager*, etc., par De Combles, 5e édition; suivie du Traité de la culture des pêchers, du même auteur, et à laquelle on a joint la manière de semer en toutes saisons; 2 gros volumes in-12, 5 f. 50 c.

Agriculture-pratique des différentes parties de l'Angleterre, par Marshal., 5 vol. in-8, ornés d'un atlas de 12 planches, et 10 tableaux donnant les noms des plantes dans les trois langues française, latine et anglaise, 36 f.

Tableau historique, politique et moderne de l'empire Ottoman; traduit de l'anglais, de Williams Eton, seconde édition, 2 v. in-8, 9 f.

Naturaliste du second âge, avec les descriptions de ceux des animaux qui présentent le plus d'intérêt et d'utilité au second âge, par J. B. Pujoulx; 1 vol. in-8, 4 f.
Le même, figures coloriées, 7 f.

Histoire naturelle, générale et particulière, etc., par Buffon; 54 vol. in-12, ornés de figures coloriées, 240 f.

Histoire civile et commerciale des Indes occidentales, depuis leur découverte par Christophe Colomb jusqu'à nos jours; par Bryan Edwards; seconde édition, augmentée de l'Histoire de Saint-Domingue, depuis l'expédition des Français dans cette colonie, jusqu'à la mort du général Leclerc; 1 volume in-8, carte, 6 f.

Les amours épiques, poëme en six chants, contenant la traduction des épisodes sur l'amour, composés par les meilleurs poètes épiques; par F. A. Parseval Grandmaison, membre de l'Institut de France; 2ᵉ édition, entièrement refondue, précédée d'un discours préliminaire; augmentée de deux mille vers, et suivis de plusieurs morceaux traduits d'Homère, de Milton et de l'Arioste; 1 vol. in-8, sur papier fin d'Angoulême, caractère petit-romain neuf, orné d'un frontispice gravé, 5 f.
Papier vélin d'Annonay, 10 f.

Des cultes qui ont précédé et amené l'idolâtrie ou l'adoration des figures humaines, etc., par J. A. Dulaure; 1 vol. in-8, 5 f.

Œuvres de Fenouillot de Falbaire, contenant l'Honnête criminel, le Premier navigateur, les Deux avares, le Fabricant de Londres, l'Ecole des mœurs, les Jammabos ou les moines japonais; édition ornée de 14 gravures et du portrait de l'auteur; 2 vol. in-8, 10 f.

Œuvres complètes de Gresset; nouvelle édition, augmentée de pièces *inédites* qui ne se trouvent pas dans les précédentes; 3 volumes in-18, 6 f.
Les mêmes, papier vélin d'Annonay, gravures, 12 f.
Papier grand raisin vélin superfin satiné, figures, 3 volumes in-12, 18 f.

Œuvres complètes d'Etienne Falconet, adjoint à recteur de la ci-devant Académie de Peinture de Paris, honoraire de celle de St-Pétersbourg, etc. Troisième édition, revue, corrigée par l'auteur, et ornée de son portrait, 3 gros vol. in-8, 15 f.

Les Deux Bossus, ou le Bal du Diable, par *Charlemagne*, 60 c.
Le Monde Incroyable, par le même, 40 c.
Epître à l'auteur de la Petite Ville, par le même, in-8.°, 75 c.

Mémoires de Gibbon, pour servir de complément à l'histoire de la décadence de l'Empire romain, par le même auteur, 2 gros vol. in-8, 10 f.

Joseph, poëme en IX Livres, par P. J. BITAUBÉ, 10ᵉ édition; 1 vol. petit in-12, orné d'une jolie gravure, 2 f.
Le même, avec 9 jolies gravures, 3 f.

Médecine du Voyageur, par Duplanil, traducteur de la médecine domestique, 3 vol. in-8, 12f.
Ecole de la Miniature, ou l'art d'apprendre à peindre sans maître, 1 vol. in-12, 2 f. 50 c.
Art (l') de composer facilement, et à peu de frais, les liqueurs de table, les eaux de senteurs, et autres objets d'économie domestique, par Bouillon-Lagrange; 1 vol. in-8. 7 f.
Histoire des expéditions d'Alexandre, par P. Chaussard; 3 vol. in-8, et 1 vol in-4 de 14 planches, 36f.
Essais de Morale et de Politique de Bacon, 2 vol. in-18, 2 f.
Papier vélin, 4 f.
Lettres inédites de Mirabeau, faisant suite aux lettres écrites du donjon de Vincennes, depuis 1777 jusqu'à 1780 inclusivement; publiées par feu J. F. VITRY, 6 f.
Lettres sur la Silésie, écrites en 1800 et 1801, durant le cours d'un voyage fait dans cette province; par J. Quincy Adams, ministre plénipotentiaire des Etats-Unis et du Congrès. Traduit de l'anglais, par J. Dupuy; 1 vol. in-8, orné d'une carte, dressée par P. Lapie, 6 f.
Lettres choisies de Voiture et Balzac; suivies des Lettres choisies de Montreuil, Pélisson et Boursault, précédées d'un discours préliminaire et d'une notice historique sur ces écrivains; 2 gros volumes in-12, sur pap. carré fin d'Auvergne, 6 f.
Papier vélin d'Annonay, 12
Discours qui a eu la mention honorable sur cette question proposée par l'Institut de France : *Quelle a été l'influence de la réformation de Luther, sur les lumières et la situation politique des différens états de l'Europe ?* Par Leuliette; 2e édition; 1 volume in-8, 2 f. 50 f.
Essai historique sur cette question proposée par l'Institut de France : *Quelle a été l'influence de la réformation de Luther, sur la situation politique des différens états de l'Europe, et sur les progrès des lumières*, par Ponce; 2e édition, in-8, 2 f.
Nota. Il reste très peu d'exemplaires de ces deux ouvrages.
Bibliothéque pastorale; ou cours de littérature champêtre; 4 vol. in-12, gravures, 10 f.
Description historique et géographique de l'Indostan, par J. Rennell, 3 vol. in-8, atlas in-4 de 11 cartes, 21 f.
Idem, papier vélin grand-raisin, 42 f.
Nota. La grande carte de l'Inde, en 4 feuilles colombier, se vend séparément, 12 f.
Histoire des Wahabis, vulgairement connus sous le nom de *Wékabites*, 1 vol. in-8, 3 f. 60 c.
Almanach des Prosateurs, pour 1807 et 1808, ou Recueil de pièces fugitives en prose; 2 vol. petit in-12, 4 f.
Dictionnaire portatif des mécaniques, ou définition, description abrégée et usage des machines, instrumens et outils employés dans les sciences, les arts et les métiers; par L. Cotte, seconde édition. 3 f. 50 c.
Répertoire du Théâtre français, 23 vol. in-8, 76 fig. 150 f.
Papier vélin, gravures avant la lettre, 300 f.

Géographie physique de la Mer noire, de l'intérieur de l'Afrique et de la Méditerranée, par *A. Dureau-de-Lamalle*, fils; accompagnée de deux cartes colorées; dressées par *J. N. Buache*. Un gros vol. in-8, 6 f.
Tableau historique et politique du commerce des Pelleteries dans le Canada, depuis 1608 jusqu'à nos jours; par *Alexandre Mackenzie*, traduit de l'anglais par *J. Castéra*. Un vol. in-8, orné du portrait de l'auteur, 4 f.
Tarifs contenant les Comptes faits de tout ce qui concerne les nouveaux Poids, et particulièrement le kilogramme, destinés à remplacer la Livre (poids de marc), 1 f.
Marie et Caroline, ou Entretiens d'une institutrice avec ses élèves, propres à leur former le cœur et l'esprit; traduit de l'angl. de *M. V. Godwin*. 1 v. in-12, orné de 5 grav. 2 f.
Géographie élémentaire de la France, suivant sa nouvelle division, et sous ses rapports de population; à l'usage des écoles, par *Philipon-la-Magdeleine*; 1 vol. in-12, 2 f.
Réflexions sur les Forêts de la France, par *Hébert*, 50 c.
Précis des Opérations de l'armée d'Italie, depuis le 21 ventose, jusqu'au 7 floréal an 7, par le général *Schérer*, in-8.° 75 c.
Bible (la) de la jeunesse, ou histoire de l'ancien et du nouveau Testament, avec des explications édifiantes, par le sieur de Royaumont, nouvelle édition; ornée de 72 fig. en taille-douce, 4 vol. in-18, 12 f.
Etrennes lyriques, anacréontiques, pour l'année 1811, rédigées par M. Cholet de Jetphort, vingtième année, 1 vol. in-12, pap. superfin d'Annonay, ornée d'une jolie gravure, 2 f. 50 c.
La Maltéide, ou le siége de Malte par Soliman II, empereur des Turcs, poème en 16 chants, par N. Halma, jeune, 1 vol. in-8, sur gr. raisin superfin, 6 f.
Le guide des Mères, ou manière d'allaiter, d'élever, d'habiller les enfans, de diriger leur éducation morale, et de les traiter de la petite vérole, par *Hugh Smith*, 1 vol. in-12, 1 f. 50 c.
Vie de Samuel Richardson, avec l'examen critique de ses ouvrages et des évènemens qui ont influés sur son génie; par madame BARBAUT; traduit de l'anglais par *J. J. Leuliette*, 1 vol. in-8, 4 fr.
La Vérité sur l'Insurrection du département de la Haute-Garonne, avec des notes justificatives; in-8.° 75 c.
Recherches sur la science du gouvernement, traduit de l'italien de Gorani, 2 vol. in-8. 9 f.
Philosophie du bonheur, par Delille de Sales, 2 v. in-8, pap. vélin, ornés de belles gravures, 20 f.
L'Epouse rare, ou le modèle de douceur, de patience et de constance, 1 vol. in-12, 1 f. 50 c.

LIVRES D'ASSORTIMENT.

Procès de Louis XVI, roi de France, avec la liste comparative des appels nominaux et des opinions motivées de chaque membre de la Convention, suivi des procès de la Reine, de Madame Elisabeth et du duc d'Orléans; troisième édition ornée de six portraits et vignette; 2 v. in-8, petit caractère, 12 f.
Œuvres de Lesage et Prévost, 55 vol. in-8, pap. fin, ornés de 114 jolies gravures, 275 f.
Lycée, ou Cours de littérature ancienne et moderne, par J. F. Laharpe. Nouvelle édition augmentée, 15 v. in-8, pap. fin, 75 f.
Œuvres complètes de Montesquieu, précédées de la vie de cet auteur, par M. Auger, de l'Académie française, 6 vol. in-8, fig. et carte, 36 f. — Papier superfin, 48 f.
Principes d'éloquence de Marmontel, augmentés de plusieurs articles, par M. Chapsal, 1 gros vol. in-8, 6 f.
Dictionnaire (nouveau) universel de la géographie moderne, par Aynès; deuxième édit. ornée de 8 cartes géographiques; 2 vol. in-8 grand papier, de 1100 pages (1816) 12 f.
Vie politique de tous les députés à la Convention nationale, pendant et après la révolution, ouvrage dans lequel on trouve que, dans le procès de Louis XVI, la peine de mort avait été rejetée à plus de six voix, par R***, 1 gros vol. in-8, 6 f.

Ami (l') de la santé, pour tous les sexes et tous les âges, renfermant les moyens de conserver la santé et de prévenir les maladies, etc., par Perrier; 1 vol. in-8, 5 f.
Bonheur (le), poëme, par Helvétius; 1 vol., portr., 2 f.
Chansonnier français, ou Recueil des meilleurs chansons connues; 6 volumes, et 1 vol. de musique, 14 f.
Chefs-d'œuvre de Colardeau, 2 volumes in-18, pap. fin, portrait, 2 f. 50 c.
Coin (le) du feu de la bonne maman, dédié à ses petits enfans, ou recueil de petits proverbes, contes et historiettes; 2 vol. in-18 sur papier véliné, avec 12 figures; 2 f. 50 c.
Confessions de J.-J. Rousseau, 10 gros volumes, papier fin, 20 f.
Contes et Nouvelles de La Fontaine, 2 volumes in-8 avec 80 figures, 36 f.
Création (la), poëme, par Vernes, suivie des poésies du même; 2 volumes, figures, 4 f.
Dictionnaire de la langue française, par Gattel; 2 v. in-8, 18 f.
Dictionnaire de l'élocution française, contenant les principes de grammaire, logique, versification, syntaxe, etc.; nouvelle édition, revue par l'abbé Fontenai; 2 vol. in-8, 12 f.
Dictionnaire élémentaire de botanique, par Bulliard, orné de 20 planches; 1 vol. in-8, 7 f.
Ecritures (les) française et anglaise dans leur perfection, d'après les exemples des grands maîtres des deux nations, recueillies et gravées par P. Picquet; 1 vol. in-4, 6 f.

Education (de l') des filles, par Fénélon; 1 vol. in-18, orné du portrait de Fénélon, 1 f. 50 c.
Elémens de physique expérimentale, par Pierre Jacotot; 1 vol. in-8 avec atlas, 2e édition, 15 f.
Eloge des académiciens, par Fontenelle; 4 vol., portr. 8 f.
Exposition de la théorie de l'organisation végétale, par Brisseau-Mirbel, 1 vol. in-8, figures, 6 f.
Flèches (les) d'Apollon, ou recueil d'épigrammes anciennes et modernes; 2 volumes, 4 f.
Fond (le) du Sac, contenant Roger-Bontemps et autres contes; 2 volumes, figures, 4 f.
Géorgiques (les) d'Hésiode et de Virgile, traduites du grec et du latin en vers français, par le Franc-de-Pompignan, 1 vol. in-12, figures, 1 f. 50 c.
Gérard de Nevers, par Tressan; 1 vol. petit in-8, orné de 4 jolies gravures, 3 f.
Le même, papier vélin, 5 f.
Grammaire générale et raisonnée de Port-Royal, par Arnauld et Lancelot, publiée par M. Petitot, 1 vol. in-8, 6 f.
Guide (le) de l'histoire, à l'usage de la jeunesse et des personnes qui veulent la lire avec fruit ou l'écrire avec succès; par Née de la Rochelle, 3 vol. in-8, 15 f.
Histoire d'Espagne, depuis la découverte qui en a été faite par les Phéniciens jusqu'à la mort de Charles III, par Briand, 4 vol. in-8, 20 f.
Histoire élémentaire, philosophique et politique de l'ancienne Grèce, par Foulon, 2 vol. in-8, cartes, 8 f.
Histoire du vieux et du nouveau Testament, avec des explications édifiantes, par Royaumont; 1 vol. in-12, 2 f. 50 c.
Historiettes et conversations, à l'usage des enfans; par Berquin; 6 vol. in-18, 6 f.
Histoire d'Henri IV, par Bury; 4 volumes in-12, avec portraits, 10 f.
Histoire de Duguesclin, connétable de France, par Guyard de Berville; 2 vol. in-12, 5 f.
Histoire du chevalier Bayard, dit sans peur et sans reproches, par Guyard de Berville; 1 volume in-12 orné d'un portrait, 2 f. 50 c.
Histoire du petit Jéhan Saintré et de la Dame des belles Cousines, 1 vol. petit in-8, figures, 3 f.
Le même, papier vélin,
Le même, 1 vol. in-18, figures, 1 f.
Histoire d'Angleterre de Hume, 18 vol. in-12, ornés de 26 portraits, de 4 cartes géographiques tirées du bel atlas de Lesage, et d'une notice sur les historiens anglais, 56 f.
Histoire naturelle du genre humain, 2 vol. in-8, 14 pl. 12 f.
Histoire des premiers temps de la Grèce, depuis Inachus jusqu'à la chûte des Pisistratides, par M. Clavier; 2 vol. in-8°, 10 f.
Hymne au Soleil, par Reyrac; jolie édition, format petit in-8°, papier fin, 2 f. 50 c.
Idylles et romances de Berquin, 1 vol. petit in-8, fig. 1 f. 50 c.

Introduction familière à la connaissance de la nature, par Berquin ; 2 vol. in-18, figures, 2 f.
Lectures pour les enfans, ou choix de petits contes également propres à les amuser et à leur donner le goût de la vertu ; 5 vol. in-18, 5 f.
Livre (le) de famille, ou lectures récréatives propres à l'instruction et à la bonne éducation des enfans, recueillies de Berquin et autres écrivains, 4 vol. in-18, 26 grav. 6 f.
Leçons de belles-lettres pour servir de supplément au Cours de belles-lettres de l'abbé Lebatteux, par M. Mermet, 3 volumes in-12, 6 f.
Lettres choisies de madame de Sévigné, en français et en anglais, le texte et la traduction en regard ; 2 gros vol. in-12, 5 f.
Lettres politiques, commerciales et littéraires sur l'Inde, par Taylor, 1 vol. in-8, 5 f.
Morale (la) de Confucius, philosophe de la Chine, 1 vol. in-18, papier fin, orné d'un portrait, 2 f.
Morale des patriarches et des prophètes, tirée des Livres de l'ancien Testament, 2 vol. in-18, figures, 4 f.
Moraliste (le) de la Jeunesse ; pensées, maximes les plus propres à former le cœur et l'esprit, tirées des meilleurs écrivains français, par Girot ; 2 vol. in-18, 3 f.
Nuits d'Young, traduites de l'anglais, par Letourneur, 2 gros vol. in-12 ornés de gravures, 5 f.
Orlando furioso, 4 vol. in-8, grand pap., avec une belle gravure à chaque chant, 64 f.
Le même, 4 vol. in-4, grand papier, 100 f.
Œuvres de l'abbé Coupé, 4 vol. in-18, contenant : Les hymnes d'Homère, ses fragmens, la batrachomiomachie, ou le combat des rats et des grenouilles, et d'une notice sur les plus illustres savans de l'antiquité qui ont éclairé les poëmes d'Homère, 2 volumes ornés d'un beau portrait de ce poëte ; Œuvres d'Hésiode, contenant les œuvres et les jours, le bouclier d'Hercule, etc., et une notice sur sa vie, 1 volume ; Sentences de Théognis et le poëme moral de Proclyde, 1 volume, 5 f.
Œuvres complètes de Boileau Despréaux, ornées de 8 jolies vignettes et du portrait de l'auteur ; 3 gros vol. in-18, papier fin, 6 f.
Œuvres choisies, du même ; édition classique, 1 gros vol. orné de 8 gravures, 3 f.
Œuvres de Berenger, contenant ses fables et poésies, 2 v. 4 f.
Œuvres choisies de Lafontaine, 1 vol. 2 f.
Œuvres de Reynier, 2 vol., portrait, 4 f.
Œuvres dramatiques de Crébillon, précédées d'un essai sur sa vie ; 1 vol. in-4, papier vélin, 8 f.
Œuvres dramatiques de J. Racine, précédées d'un essai sur sa vie ; 1 vol. in-4, 4 f.
Œuvres de Virgile, avec le texte vis-à-vis la traduction, par Desfontaines, 4 vol. in-8, belles gravures, 36 f.

www.ingramcontent.com/pod-product-compliance
Lightning Source LLC
Chambersburg PA
CBHW071925160426
43198CB00011B/1298